Bevölkerungsexplosion und Ressourcenverbrauch

-

Geschichte

und

Zukunftsperspektiven

von

Kurt Olzog

Bevölkerungsexplosion und Ressourcenverbrauch

-

Geschichte

und

Zukunftsperspektiven

Autor: Kurt Olzog

Die Werke des Autors „Energiewende im Klimawandel", „Der Mond – Rohstoffquelle und Weltraumbasis" und „Globalisierung der Politik – Geschichte und Zukunftsperspektiven" sind inzwischen herausgekommen, das erste in mehreren Sprachen. Nun nimmt der Autor sich des Themas „Bevölkerungsexplosion und Ressourcenverbrauch" an und beleuchtet die Geschichte der sich über die Erde ausdehnenden Menschheit und ihre Vermehrung auf einer immer „enger" werdenden Erde. Die Enge unseres Planeten wird dadurch spürbar, dass die Anzahl der Erdenbürger zunimmt, aber die Ressourcen, von denen diese Menschen leben, begrenzt sind.

Schauen wir uns den Werdegang der Menschheit in einem kurzen Überblick an und ihre Vermehrung, besonders in Afrika. Der Ressourcenverbrauch ist enorm und wird weiter wachsen. Die Zukunftsaussichten sind nicht ohne Reiz, verlangen aber aktiven Gestaltungswillen, was die Geburtenkontrolle und die weiterhin steigende Sucht nach Ressourcen angeht.

Bibliografische Information der Deutschen Nationalbibliothek:

Die Deutsche Nationalbibliothek verzeichnet diese Publikation in der Deutschen Nationalbiographie; detaillierte bibliografische Daten sind im Internet über dnb.d-nb.de abrufbar.

TWENTYSIX – Der Self-Publishing-Verlag

Eine Kooperation zwischen der Verlagsgruppe Random House und BoD – Books on Demand

© 2019 Kurt Olzog

Herstellung und Verlag:

BoD – Books on Demand, Norderstedt

ISBN: 9783740749002

Inhalt

1. Erste Besiedlungswellen über den Globus — S. 6
2. Die Entwicklung Eurasiens — S. 14
3. Pest, Amerika, Kriege — S. 42
4. Die industrielle Revolution — S. 60
5. Die medizinische Entwicklung — S. 83
6. Der wachsende Ressourcenverbrauch — S. 93
7. Zukunftsperspektiven — S. 100
Literaturverzeichnis — S. 107

1. Erste Besiedlungswellen über den Globus

Die Dinosaurier waren längst ausgestorben. Es gab noch Nachfahren wie Vögel und Echsen. Säugetiere breiteten sich aus und eroberten die Kontinente des Erdballs. Im Laufe von Millionen Jahren entwickelte sich ein Säuger mit etwas größerem Gehirn im Vergleich zu seinen Vorfahren. Dieses Gehirn verlangte größere Mengen an hochwertiger Nahrung, so dass die Jagd auf Beute und das Sammeln von Früchten und Wurzeln intensiviert werden musste.

Es wurden Jagdwaffen entwickelt und Werkzeuge zum Zerteilen der Beute und zum Zerkleinern der Wurzelgemüse. So entstanden Holz- und Steinwerkzeuge, und auch der Feuerstein blieb nicht unentdeckt. Diese Spezies wurde später als frühe Menschenart bekannt, als Homo erectus, aufrecht gehender Mensch. Wir können heute das Alter von Knochenfunden bestimmen und gewinnen dadurch eine Vorstellung davon, wie die unterschiedlichen Menschenarten im Laufe der Jahrmillionen sich über die grenzenlose Erde verbreitet haben.

„Die Geschichte der menschlichen Kulturen wurde von drei großen Revolutionen geprägt. Die kognitive Revolution vor etwa 70 000 Jahren brachte die Geschichte überhaupt erst in Gang. Die landwirtschaftliche Revolution vor rund 12 000 Jahren beschleunigte sie. Und die wissenschaftliche Revolution, die vor knapp 500 Jahren ihren Anfang nahm, könnte das Ende der Geschichte und der Beginn von etwas völlig neuem sein."[1] Bisher wird Afrika als die Wiege der Menschheit betrachtet. Von hier aus machten sich die Vorfahren seit zwei Millionen Jahren auf den Weg nach Nordafrika, Europa und Asien, wobei immer weiter entwickelte Hominiden hinterher kamen. Das größer werdende Gehirn forderte seinen Tribut: Überall, wo die Menschenartigen hinkamen, dezimierten sie die Herden der Großtiere, wie beispielsweise die Mammuts und Wollnashörner, und ließen auch die Säbelzahntiger

Die Vorfahren des Menschen (Homo habilis) vor etwa 2 Millionen Jahren: Eine Jägergruppe verjagt in der ostafrikanischen Savanne Hyänen von ihrer Beute, dem inzwischen ausgestorbenen Dinotherium. Die Zeichnung von Sarah Landry findet sich in Edward O. Wilsons Buch „Sociobiology".[2]

---

1   Harari, Yuval Noah: Eine kurze Geschichte der Menschheit. München 2013, S. 11
2   Olzog, Kurt: Globalisierung der Politik. Norderstedt 2018, S. 6. Bild aus: Zimmer, Dieter E.: Unsere alte Natur. In: Die Zeit Nr. 41, Hamburg 1978, S. 33

als Nahrungskonkurrenten nicht unbehelligt. Je weiter die Vorfahren nach Norden und Osten vorrückten, desto mehr mussten sie sich vor der Kälte schützen, und so ergab es sich, dass Tierfelle recht begehrt waren und das Geberhandwerk allmählich Form annahm. In den Zeiten globaler Kälte, den so genannten Eiszeiten, zahlte es sich aus, dass warme Bekleidung vorhanden war, so dass einige Menschenartigen über die Beringstraße während der Eiszeiten, als viel Wasser oberirdisch in Eis gebunden war und die Beringstraße trocken lag, Alaska erreichten und Amerika besiedelten.[3]

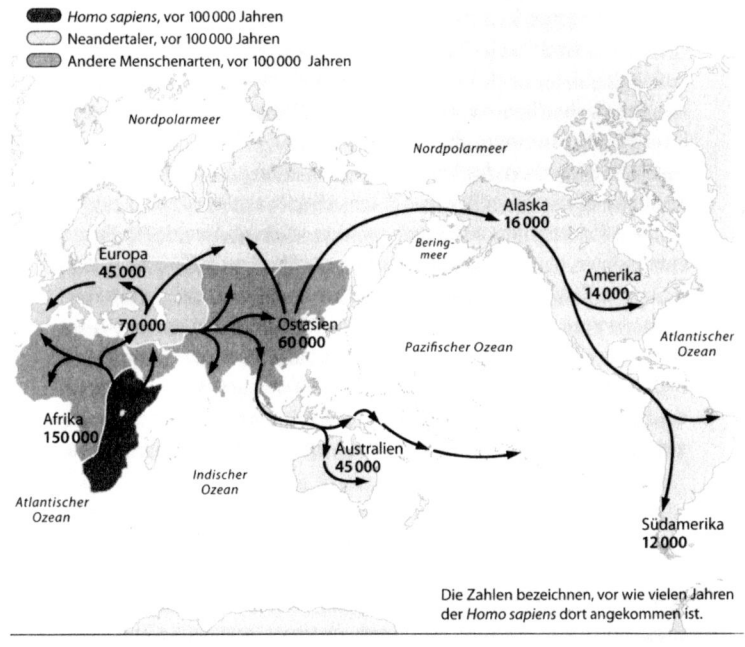

Karte 1. Der Homo sapiens erobert die Welt

---

3 Harari, Yuval Noah: Eine kurze Geschichte der Menschheit. München 2013, vgl. S. 24ff, mit Abbildung aus S. 24

Dabei wurden sicher nicht wenige Mammuts verspeist. Wo auch immer die Menschenartigen hingelangten, fanden sie ausreichend Nahrung vor. Leicht zu fangende Beute wurde gerne ausgenommen und gebraten. Die Menschenartigen konnten sich dadurch gut vermehren und weiteres Land besiedeln. Etliche Tierarten wurden dezimiert oder gar ausgerottet. Die Menschenart *Homo sapiens* spielte dabei eine herausragende Rolle: „wo immer sie auftauchten, verschwanden die einheimischen Menschenarten. Die letzten Angehörigen des *Homo soloensis* segneten vor 50 000 Jahren das Zeitliche, der *Homo denisova* folgte 10 000 Jahre später. Die letzten Neandertaler verabschiedeten sich vor rund 30 000 Jahren, und die Zwergmenschen von der Insel Flores gingen vor 12 000 Jahren dahin. Zurück blieben ein paar Knochen und Steinwerkzeuge, eine Handvoll Gene in unserem Genom und eine Menge unbeantworteter Fragen. Einige Wissenschaftler hegen die Hoffnung, sie könnten eines Tages in den unberührten Tiefen des indonesischen Urwalds auf eine Gruppe von Liliputanern treffen. Leider sind wir dazu einige zehntausend Jahre zu spät dran. Was war das Erfolgsgeheimnis des Sapiens? Wie gelang es uns, so schnell so unterschiedliche und räumlich so weit auseinander liegende Lebensräume zu besiedeln? Wie haben wir es geschafft, alle anderen Menschenarten zu verdrängen? Warum überlebte nicht einmal der muskulöse, intelligente und kälteresistente Neandertaler unseren Ansturm? Die Debatte darüber verläuft hitzig. Die wahrscheinlichste Antwort ist jedoch genau das Instrument, mit dem diese Debatte geführt wird: Wenn der *Homo sapiens* die Welt eroberte, dann vor allem dank seiner einmaligen Sprache."[4]

---

[4] Ebenda, S. 30f

Überall, wo Homo sapiens auftauchte, bediente er sich zur Ernährung der vorhandenen Tier- und Pflanzenwelt, und er lebte nicht schlecht. Er vermehrte sich entsprechend stetig, und wenn auch einige Hungersnöte und Seuchen zu überstehen waren, ging nach etlichen Verlusten die Vermehrung wieder weiter. Allerdings war die Jagd nach größeren Tieren und das Sammeln von Früchten und Wurzeln immer mit Gefahren verbunden, man denke nur an Raubtiere und Schlangen, so dass die Lebenserwartung der Menschen recht begrenzt war. Nur wenige von ihnen erreichten ein Alter von mehr als fünfzig Jahren, und diese Menschen wurden geachtet und verehrt, solange sie gesund blieben.

Es gab immer einzelne Individuen, die sich als Schamanen oder geistliche Ansprechpartner hervortaten. In einigen Weltregionen entwickelten sich Bräuche, neben Tieren auch Menschen zu essen, die in mehr oder weniger entfernten Nachbardörfern wohnten. Man hat noch im letzten Jahrhundert in Papua-Neuguinea Stämme entdeckt, in denen es üblich war, die geschrumpften Köpfe besiegter Menschen am Gürtel zu tragen. Die Lachkrankheit war dort verbreitet, da man auch das eiweißreiche Gehirn der Besiegten zu sich nahm, denn man konnte den Erreger der Lachkrankheit noch nicht kennen. Aus Mittel- und Südamerika ist überliefert, dass es dort regelmäßige Menschenopfer gab. Insbesondere in Trockenzeiten sollten die Götter gnädig gestimmt werden und es regnen lassen. Die Europäer eroberten relativ dünn besiedelte Gebiete in Amerika und erlebten die Gegenwehr der sogenannten Indianer, die ihnen bei Gelegenheit den Haarschopf, den „Skalp", vom Kopf schnitten. Auch heute sind noch Überreste von Menschenverstümmlungen üblich, hauptsächlich in arabischen Ländern, beispielsweise das Abhacken einer Hand, nachdem der Delinquent gestohlen hatte und sich dabei erwischen ließ. Todesurteile sind in arabischen Ländern, in den USA, in China und in etlichen weiteren Ländern noch an der Tagesordnung.

Allerdings wurden im Bereich der Abrahamitischen Religionen Menschenopfer nicht mehr gefordert, was natürlich nicht heißt, dass es dort keine Todesurteile gäbe. Immerhin hat die Verbreitung des Homo sapiens über den Globus dafür gesorgt, dass die großen Tiere seinem Appetit zum Opfer fielen: Viele der großen Säugetiere sind ausgestorben. Diese Entwicklung setzt sich bis heute fort.

Es begann etwa vor 70 Jahrtausenden, dass Homo sapiens sich von Afrika aus auf weitere Kontinente ausbreitete. Sie vertrieben die anderen Menschenarten, „und zwar nicht nur aus dem Nahen Osten, sondern vom gesamten Planeten. Innerhalb kürzester Zeit breiteten sich die Sapiens bis nach Europa und Ostasien aus. Vor rund 45 000 Jahren gelang es ihnen irgendwie, das offene Meer zu überqueren und bis nach Australien vorzudringen – einen Kontinent, auf den bis dahin noch kein Mensch seinen Fuß gesetzt hatte. Sie erfanden Boote, Öllampen, Pfeil und Bogen und sogar Nadeln (mit denen sie sich warme Kleider nähen konnten). Die ersten Gegenstände, die man als Kunst und Schmuck bezeichnen kann, stammen aus dieser Zeit, genau wie die ersten Hinweise auf Religion, Handel und gesellschaftliche Schichten."[5]

Es ist nicht bekannt, ob es eine Mutation im Gehirn war oder ob neue Areale im Gehirn erschlossen wurden. Jedenfalls fiel in diese

---
5   Ebenda, vgl. S. 32f

Zeit von vor 70 000 bis vor 30 000 Jahren der Prozess, der heute kognitive Revolution genannt wird. Die Sprache und das Denken verfeinerten sich. Dadurch konnte sich Sapiens ein größeres Nahrungsangebot erschließen und weitere Eroberungen durchführen.

Die Weiterentwicklung der Sprache ermöglichte es den Sapiens außerdem, ihr Sozialgefüge zu verbessern. Es konnten größere Gruppen gebildet werden. Die bessere Sprachkompetenz führte dazu, dass herausragende Persönlichkeiten als Führungskräfte anerkannt wurden. Stämme bildeten sich und Rangordnungen konnten mit Hilfe der Sprache geregelt werden.

„Legenden, Mythen, Götter und Religionen tauchen erstmals mit der kognitiven Revolution auf. Viele Tier- und Menschenarten konnten „Vorsicht Löwe!" rufen. Aber dank der kognitiven Revolution konnte nur der Sapiens sagen: „Der Löwe ist der Schutzgeist unseres Stammes." Nur mit der menschlichen Sprache lassen sich Dinge erfinden und weitererzählen. Man könnte sie deshalb als „fiktive Sprache" bezeichnen.

Nur der Mensch kann über etwas sprechen, das gar nicht existiert, und noch vor dem Frühstück sechs unmögliche Dinge glauben. Einen Affen würden Sie jedenfalls nie im Leben dazu bringen, Ihnen eine Banane abzugeben, indem Sie ihm einen Affenhimmel ausmalen und grenzenlose Bananenschätze nach dem Tod versprechen. Auf so einen Handel lassen sich nur Sapiens ein. Aber warum ist diese fiktive Sprache dann so wichtig? Sind Fantasiegeschichten nicht gefährlich und irreführend? Ist es nicht pure Zeitverschwendung, sich Legenden über Einhörner auszudenken, und würden wir unsere Zeit mit Jagen, Kämpfen und Vögeln nicht viel besser nutzen? Gefährdet es nicht sogar unser Überleben, wenn wir uns den Kopf mit Märchen füllen?

Aber mit der fiktiven Sprache können wir uns nicht nur Dinge ausmalen – wir können sie uns vor allem *gemeinsam* vorstellen. Wir können Mythen erfinden, wie die Schöpfungsgeschichte der Bibel, die Traumzeit der Aborigines oder die nationalistischen Mythen der modernen Nationalstaaten. Diese und andere Mythen verleihen dem Sapiens die beispiellose Fähigkeit, flexibel und in großen Gruppen zusammenzuarbeiten. Ameisen und Bienen arbeiten zwar auch in großen Gruppen zusammen, doch sie spulen starre Programme ab und kooperieren nur mit ihren Geschwistern. Schimpansen sind flexibler als Ameisen, doch auch sie arbeiten nur mit einigen wenigen Artgenossen zusammen, die sie gut kennen. Sapiens sind dagegen ausgesprochen flexibel und können mit einer großen Zahl von wildfremden Menschen kooperieren. Und genau deshalb beherrschen die Sapiens die Welt, während Ameisen unsere Essensreste verzehren und Schimpansen in unseren Zoos und Forschungslabors herumhocken."[6]

---

[6] Ebenda, vgl. S. 37f

2. Die Entwicklung Eurasiens

„Nach den Jahrmillionen der menschlichen Evolution entstanden ganz am Ende, nach der letzten Eiszeit und als der Neandertaler längst ausgestorben war, nachdem er uns einen Teil seiner Gene vererbt hatte, die ersten größeren politischen Einheiten.

Als Beginn ihrer Geschichte galt den Alten Ägyptern die Vereinigung der beiden Länder Ober- und Unterägypten. Sie schrieben diese Tat dem König Menes zu."[7]

„Ägypten – das war und ist ein lang gestrecktes Rechteck mit dem Nil in der Mitte und Wüstengebieten rechts und links davon. Der eigentliche Lebensbereich des Ägypters war so das Niltal. Er wird im Norden vom Mittelmeer und im Westen und Osten durch die Wüstengebiete klar eingegrenzt. Im Süden dagegen bildet zwar der erste Nilkatarakt, eine granitene Felsbarriere im Fluss, einen gewissen Grenzpunkt, doch setzt sich die Flusslandschaft im Prinzip nach Süden hin in den nubischen und sudanischen Raum fort. Innerhalb Ägyptens besteht ein Gegensatz zwischen der schmalen Niltaloase Oberägyptens und dem weiträumigen Delta Unterägyptens, das die beiden Hauptarme des Nils formen, die heute bei Rosette im Westen und Damiette im Osten in das Mittelmeer fließen.

Beide Regionen unterscheiden sich sowohl klimatisch als auch landschaftlich. Das Delta gehört zum Einflussbereich des

---

7 Olzog, Kurt: Globalisierung der Politik. Norderstedt 2018, S. 17

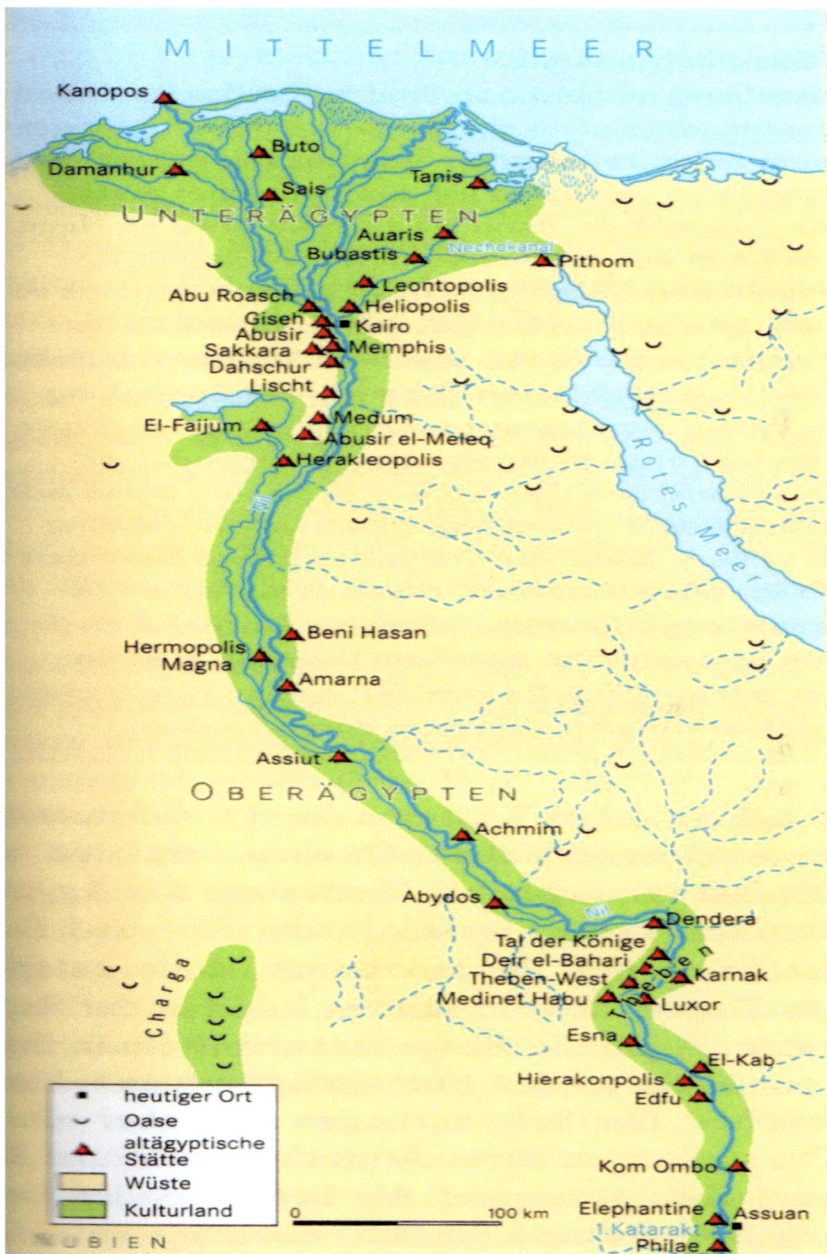

mediterranen Klimas, während Oberägypten zur saharischen Zone zählt, die kaum Niederschläge kennt. Allerdings reichen auch die Niederschläge des Deltas nicht für einen Regenfeldbau aus. Bei einer derart lang gestreckten Region von 950 Kilometer Länge zeigt auch die Temperatur Unterschiede in Nord-Süd-Abstufung: In Alexandria beträgt sie im Jahresdurchschnitt 20,2 Grad Celsius, in Assuan im Süden 25,8 Grad Celsius."[8]

„Der Nil ermöglichte den Ägyptern, zu leben und einen gewissen Wohlstand zu erreichen. Jede Hochflut brachte schwarze Erde mit, die sich auf den Feldern verteilte und sie auf diese Weise fruchtbar machte. Diese Hochfluten traten erst seit etwa 90 000 Jahren vor unserer Zeit auf und brachten Schlammablagerungen aus dem äthiopischen Raum mit sich. In Oberägypten bestanden die Ablagerungen aus gröberen Sedimenten, und erst weiter im Norden wurden die feineren tonigen Bestandteile abgesetzt. Das Schwemmlandgebiet des Deltas hingegen „ist von den hügeligen Resten gröberer Ablagerungen durchsetzt, die sich vorzüglich als Siedlungsplätze eigneten.

Zur Zeit der Herausbildung des altägyptischen Staates bis tief in das Alte Reich hat man sich das Klima feuchter als heute vorzustellen. Die seichten Nilufer waren mit Papyrus bewachsen, und auf den natürlichen Aufschüttungen des Nildammes gab es Sträucher und Gebüsche, während das Niltal selbst einen reichen Baumbestand aufwies. An tiefer gelegenen Stellen des Niltales fanden sich Dauersümpfe, und das Delta zeigt einen reichen Gras-

---

8 Zeitverlag Gerd Bucerius GmbH & Co. Kg (Hg.): Welt- und Kulturgeschichte. Epochen, Fakten, Hintergründe in 20 Bänden, Band 01, Karte S. 264f (auf der vorherigen Seite, geringfügig gestaucht), Text S. 271

und Krautwuchs, der sich vorzüglich als Weide eignete. Die heutigen Wüstengebiete im Westen und Osten bedeckte eine Savannenvegetation. Der große Artenreichtum der hier lebenden Tiere, zu denen mit Nashorn, Elefant, Löwe und Giraffe auch Großwild gehörte, wurde durch die zunehmende Trockenheit, vor allem aber durch die Aktivitäten des Menschen mit seinem Ackerbau und der Viehzucht zunehmend eingeschränkt. Allerdings darf man sich diese Entwicklung nicht zu geradlinig vorstellen, denn Amenophis III. beispielsweise konnte noch Ende des 14. Jahrhunderts v. Chr. eine Herde von 174 Wildrindern jagen, und zur Zeit von Ptolemaios I. gab es noch immer unbebautes Land in Ägypten.

Die regelmäßige Bewässerung durch die Nilhochflut und der dadurch angeschwemmte Nilschlamm machten den Ackerboden fruchtbar und ermöglichten solch gute Ernten, dass Ägypten einen beträchtlichen Überschuss erwirtschaften konnte. Verschiedene Getreidearten, Körner- und Hülsenfrüchte, Gemüse- und Obstsorten sowie Öle sind als Grundnahrungsmittel bekannt. Auch Futter für das Nutzvieh wurde angebaut oder fand sich auf weiträumigen Weiden, vor allem im Delta. Zum Nutzvieh gehörten Rinder, Schweine, Ziegen, Schafe und Geflügel sowie der Esel als Transporttier – das Kamel finden wir erst um die Mitte des 1. Jahrtausends v. Chr. in dieser Rolle.

Alle für das tägliche Leben und für das Handwerk notwendigen Rohstoffe gab es im Land, sodass die Befriedigung aller Grundbedürfnisse der Menschen sichergestellt war. Darüber hinaus war Ägypten reich an Baumaterialien und den verschiedensten Gesteinssorten, an Halbedelsteinen und vor allem an Gold. Bei den grundlegenden Rohstoffen ist allein ein Mangel an Holz festzustellen, der aber auf den Menschen selbst zurückzuführen ist. Dieser dezimierte nämlich den Baumbestand, als er das Niltal in eine Kulturlandschaft umwandelte. Kupfer, ein anderer wichtiger Rohstoff, kam zwar in der Ostwüste vor, wurde dort aber aus unbekannten Gründen erst während der 12. Dynastie abgebaut. So wurde es seit alters aus dem Sinai und aus Nubien beschafft.

Die Gestalt des Landes machte den Nil zur Hauptverkehrsstraße im überregionalen Verkehr. Für die Verbindung vom Nil ins Innere des Niltales wurden schon früh Kanäle angelegt. Meist lief dieser Verkehr aber als Lokalverkehr über Straßen. Für der Fernverkehr existierten eine Anzahl von Karawanenstraßen nach Vorderasien, ans Rote Meer oder Richtung Süden nach Nubien, sofern er nicht über den Seeweg oder den Nil abgewickelt wurde.""[9]

„Für uns ist es verwunderlich, wie wenige Menschen damals in Ägypten lebten und all die Leistungen erbrachten, die Ägypten bekannt gemacht haben. Volkszählungen sind nicht überliefert, so dass man versucht hat, „die Bevölkerungszahl für die einzelnen Perioden anhand der Anbaufläche, der Produktivität des Bodens unter den damaligen Bedingungen sowie der Steuerveranlagungen zu schätzen. Man kommt dabei auf eine Bevölkerungszahl von 1,6 Millionen für das Alte Reich (2500 v. Chr.), auf 2 Millionen für das Mittlere Reich (1800 v. Chr.) und 2,9 Millionen für das Neue Reich (1250 v. Chr.) sowie auf 4,9 Millionen für die hellenistische Zeit (150 v. Chr.). Dass diese Zahlen nur mutmaßliche sind, versteht sich angesichts des Berechnungsverfahrens und seiner

---

9   Ebenda, S. 272f, entnommen aus: Olzog, Kurt: Globalisierung der Politik. Norderstedt 2018, S. 21ff

Grundlagen von selbst. Zum Vergleich seien aber die Bevölkerungszahlen von 4,5 Millionen unter den Mamelucken (1250-1517) und von 2,5 Millionen zur Zeit der ägyptischen Expedition Napoléon Bonapartes (1798-1801) angeführt, die einen gewissen Rahmen für die für das Alte Ägypten berechneten Zahlen abgeben.""[10]

„Einige Jahrhunderte nach der Entstehung der Hochkulturen in Ägypten und Mesopotamien entwickelten sich im indischen Raum Kulturen mit hohem zivilisatorischen Standard. Die größte Bedeutung entwickelte die Harappakultur, benannt nach der wichtigsten Ausgrabungsstätte."[11]

„Die Wiederentdeckung der Harappakultur ist einem Zufall zu verdanken, der fast gleichzeitig an zwei Orten eintrat: in Harappa und Mohenjo-Daro. Harappa ist der Name eines Dorfes an den Ufern des Ravi, eines Nebenflusses des Indus, heute in Pakistan etwa 150 Kilometer südlich der Stadt Lahore gelegen. Das Dorf gab einem archäologischen Fundplatz seinen Namen, der bereits im 19. Jahrhundert bekannt war. In dieser Zeit richtete sich das Interesse des britisch-indischen Antikendienstes vorwiegend auf die Zeugnisse erster Begegnung westlicher Kulturen mit denen Indiens, auf die Zeit des großen Alexanderfeldzuges 327-323 v. Chr. Daher konnte der damalige Direktor des Antikendienstes, Sir Alexander Cunningham, einige Funde nicht richtig deuten, die bereits auf die Harappakultur hätten hinweisen können. Dazu zählte ein Siegel mit harappazeitlichen Schriftzeichen.

---

10 Ebenda, S. 274, entnommen aus: Olzog, Kurt: Globalisierung der Politik. Norderstedt 2018, S. 24
11 Ebenda, S. 488, mit Karte auf der folgenden Seite, entnommen aus: Olzog, Kurt: Globalisierung der Politik. Norderstedt 2018, S. 35

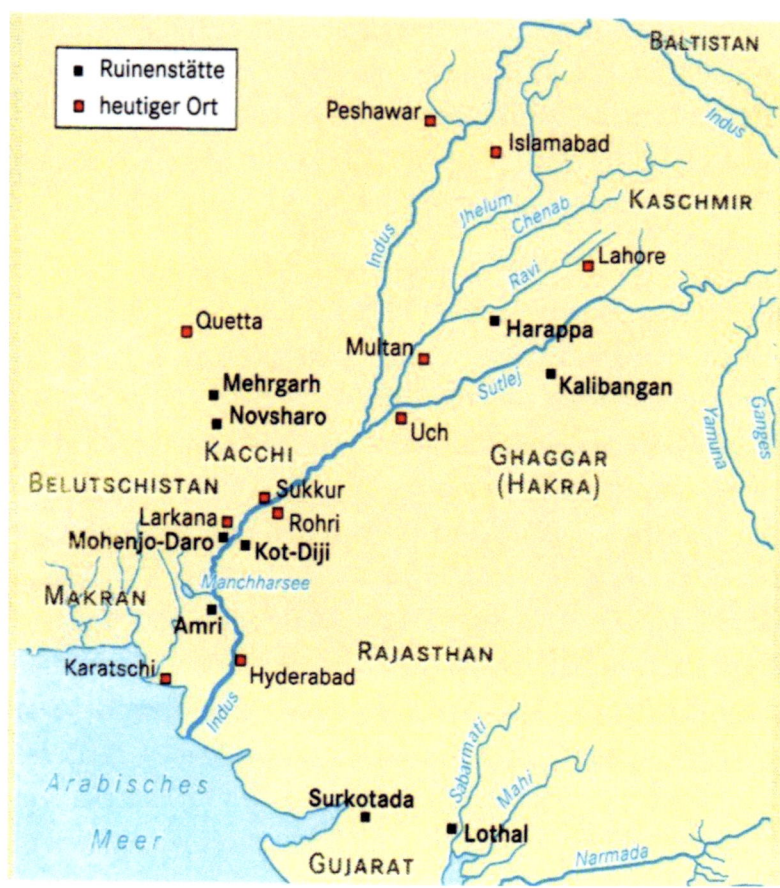

Auch Mohenjo-Daro war bereits vor den großen Entdeckungen (nach 1922) mehrmals von Archäologen besucht worden. Hier bezeichnet der Name einen Hügel nahe dem Indus in der heutigen pakistanischen Provinz Sind, der sich mehr als 15 Meter über die vom Indus angeschwemmte, ansonsten völlig flache Ebene erhebt. Was die Archäologen zuerst interessierte, war eine Art Turm, später identifiziert als der beraubte Stupa eines buddhistischen

Klosters aus dem 2. Jahrhundert n. Chr., ein Grab- oder Erinnerungsmal für den Buddha. Erst weitere Grabungen brachten Siegel mit unbekannten Schriftzeichen hervor, wie man sie aus Harappa kannte. Bei einem Vergleich dieser archäologischen Befunde der beiden 600 Kilometer voneinander entfernten Orte wurde dem damaligen Direktor des Antikendienstes, Sir John Marshall, sofort klar, dass eine bisher unbekannte Hochkultur entdeckt worden war. Nach 1924 konzentriert man alle verfügbaren Kräfte auf die Grabungen in Harappa und Mohenjo-Daro. Leider stellte sich schon bald heraus, dass die Fundlage in Harappa weitestgehend gestört war, da 1857 britische Eisenbahnbauer Millionen von Ziegeln von hier hatte wegholen lassen, um die Eisenbahntrasse Lahore-Multan zu befestigen."[12]

„Die Reste der buddhistischen Stupa auf dem Hügel in der Ruinenstadt Mohenjo-Daro waren es, die die Aufmerksamkeit der Ausgräber zunächst auf sich zogen. Erst im Verlauf der Grabungen erkannte man hier Hinterlassenschaften einer sehr viel älteren Kultur."[13]

---
12 Ebenda, S. 488f
13 Ebenda, S. 490 mit Abbildung

„Die Ausgrabungen in Mohenjo-Daro hatten daher eine besondere Bedeutung. Der mehr als einhundert Hektar große Fundort war weitestgehend ungestört. „Teilweise von der Resten der buddhistischen Klosteranlage bedeckt, lagen unmittelbar unter der staubigen Oberfläche die Ruinen der bronzezeitlichen Stadt. Bis 1931 wurden mehr als 100 000 Quadratmeter in den verschiedenen Bereichen ausgegraben; ganze Stadtteile mit Häusern, Straßen, Kanälen und Brunnen erstanden wieder. Schon bald wurde das städtische Gefüge der Siedlung sichtbar. Die mehreren Hundert ausgegrabenen Häuser waren im Wesentlichen nordsüdlich und ostwestlich ausgerichtet. Im Westen befand sich ein höher gelegener Bereich (200 mal 400 Meter), den der britische Archäologe Sir Mortimer Wheeler später als eine befestigte „Zitadelle" bezeichnen sollte.

Nach einem Freiraum von etwa 200 m Breite schloss östlich die Unterstadt an. Ihr heute sichtbarer Teil misst 1200 Meter in der Länge und an seiner breitesten Seite 800 Meter, ist der Länge nach von einer etwa zehn Meter breiten Hauptstraße durchzogen; vermutlich gab es dazu weitere Parallelstraßen. Insgesamt wurden bis 1931 von mehreren Hundert Arbeitern sechs Großbereiche freigelegt, in der Grabungsberichten weitestgehend benannt mit den abgekürzten Namen der Grabungsleiter. Nach den großen Kampagnen der 1920er-Jahre fanden bis heute nur noch kleinere Grabungen statt, unter anderem 1950 die bedeutende Grabung von Sir Mortimer Wheeler, 1964 die vorläufig letzte.

Heute wissen wir, dass die Stadt auf gewaltigen Unterbauten aus Lehmziegeln und Erdfüllungen errichtet wurde, die im Laufe der letzten 4500 Jahre nach und nach unter den Ablagerungen des

Indus begraben wurden. Was sich heute aus der Ebene erhebt, ist nur „die Spitze eines Eisberges". Offensichtlich war diese Stadt geplant: Nicht nur die künstliche Plattform, auf der sie errichtet wurde, sondern auch die regelmäßigen Straßenanlagen, zahlreiche Brunnenbauten und Abwasserkanäle weisen darauf hin. Im Zitadellenbereich legte man 1925 die älteste Großbadeanlage der Menschheit frei, ein sieben mal zwölf Meter messendes Becken, vollständig aus spezial angefertigtem, scharfkantigem Ziegel hergestellt, das von Norden und Süden über eine Treppe begehbar war. Das Bassin lag in einem großen Hof, von einem Laubengang und Räumen umgeben, und wurde vermutlich von einem großen Brunnen aus einem östlich liegenden Seitenraum gespeist. Verglichen mit der Unterstadt weist die „Zitadelle" Gebäude auf wie etwa das „Große Bad", die nicht dem unmittelbaren Wohnen dienten. Dazu zählt auch eine große Backsteinarchitektur südwestlich des „Großen Bades", die als „Kornspeicher" gedeutet wurde.

Bald nach der Entdeckung Mohenjo-Daros und Harappas dehnte sich die Indusforschung auf den gesamten Großraum Nordwestindiens aus. Der berühmte britische Archäologe Sir Aurel Stein erkundete das westlich des Indus gelegene Bergland, wo er in den Hochtälern Belutschistans und Waziristans viele Fundorte entdeckte, die noch älter waren als die der Induskultur. Die Forschung in diesen Gebieten wurde nach dem Zweiten Weltkrieg von Briten und Amerikanern fortgesetzt, sodass wir heute über eine große Anzahl von Fundorten wohl unterrichtet sind.""[14]

---

14 Ebenda, S. 489ff, entnommen aus: Olzog, Kurt: Globalisierung der Politik. Norderstedt 2018, S. 38f

Auch nördlich des Himalaya vermehrten und entwickelten sich Gesellschaften: Im heutigen China und den angrenzenden Gebieten. Anders als in der Literatur und in der Schule verbreitet, ist China in frühgeschichtlicher Zeit kein großes, einheitliches Staatsgebilde gewesen, sondern eine in viele kleine Teile zersplitterte Feudalgesellschaft.

„Bis zum Ende des 2. vorchristlichen Jahrhunderts beschränkte sich das alte chinesische Kulturgebiet auf die Region nördlich des Yang-tzu-kiang, die westlich nicht weiter reichte als bis zum östlichen Teil der heutigen Provinz Kansu. Erst 221 v. Chr. wurde dies Kulturgebiet zu einem Einheitsstaat unter einem souveränen Herrscher, der sich auch einen ganz neuen Titel, gewöhnlich mit „Kaiser" übersetzt, zulegte. Und erst seit dieser Zeit verwaltet den Staat eine Beamtenschaft, die von der Zentralregierung bestellt und besoldet wird; in den Jahrhunderten davor war die Verwaltung des in viele Groß- und Kleinstaaten zersplitterten Gebietes rein feudal. Eine politisch-kulturelle Einheit, die man China nennen darf, läßt sich überhaupt nur bis zur Mitte des zweiten vorchristlichen Jahrtausends zurückverfolgen; dagegen reichen die Anfänge des Ägyptischen Reichs und der mesopotamischen Stadtstaaten bis in den Beginn des dritten, wenn nicht gar bis in den Ausgang des vierten Jahrtausends hinein. Man sollte also das, was man sich historisch als China vorstellen muss, nicht überschätzen.

Man sollte es aber auch nicht unterschätzen. Daß die europäischen Atlanten das Hauptgewicht auf das Europäische und Nationale legen, ist begreiflich, ja fast selbstverständlich. Jedes deutsche Land, jedes französische Departement, jede englische Grafschaft, jede holländische Provinz bekommt ein eigenes Kartenblatt, aber mit je einem Kartenblatt von derselben Größe müssen sich dann auch ganze außereuropäische Länder, ja ganze Kontinente begnügen. Das trübt den Blick. Auch wenn man weiß, daß die Maßstäbe auf jeder Karte anders sind, denkt man zumeist nicht daran. Was auf den Kartenblättern gleich groß aussieht, wird auch als gleich groß empfunden. Aber schon beim alten chinesischen Kulturgebiet haben wir es mit Gebietsstrecken von tausend und mehr Kilometern zu tun! Und noch ein anderes: die wenigen Karten Asiens, die einem geläufig sind, gelten in der Regel der politischen Einteilung, und die seltenen physikalischen Karten stellen, weil sie sich eines großen Maßstabs bedienen, nur grobe Annäherungen dar. Selten kann sich der Beschauer die wirklichen natürlichen Verhältnisse richtig vorstellen. Indes besteht das chinesische Kulturgebiet aus mehreren natürlichen „Provinzen"; ihre geographische Verschiedenheit war für die Bildung der frühen Kleinstaaten und der späteren Verwaltungseinheiten des großen Reiches bestimmend."[15]

Bedingt durch immer effektivere Waffen wurden im Laufe der Jahrhunderte Siege errungen und Niederlagen der weniger gut bewaffneten Armeen erlitten. Allmählich geriet die Welt der Griechen in den Brennpunkt der Geschichte. Es entwickelte sich die Herrschaft eines einzelnen, der griechischen Tyrannis. Nach dem Ende dieser Phase kam es zur Entwicklung der griechischen Demokratie. Um 460 v. Chr. bestimmte Perikles für etwa dreißig Jahre die Politik in Athen, durchaus erfolgreich. Es folgte der peloponnesische Krieg und später der Niedergang der griechischen Poliswelt. Es kam zum Aufstieg Makedoniens und eine

---

[15] Mann, Golo; Heuß, Alfred (Hg.): Propyläen Weltgeschichte. Frankfurt am Main, Berlin 1991, Band 2, S. 479f

makedonische Hegemonie entstand. Daraus entwickelte sich das nächste große Weltreich.[16]

Zu Beginn muss daran erinnert werden, dass die alten Griechen eine Schrift entwickelt hatten, die Wörter mit Hilfe von Buchstaben zusammensetzte aus dem griechischen Alphabet. Diese Schrift verbreitete sich über die vielen Stadtstaaten und das erst recht, als Dichtungen des griechischen Dichterfürsten Homer weite Verbreitung fanden.

Die beiden bekanntesten Epen sind „Ilias" und „Odyssee". Dazu lesen wir im Band 04 des 20-bändigen Werkes „Welt- und Kulturgeschichte":[17]

„Die griechische und damit die europäische Geschichte beginnt mit zwei Werken der Literatur allerhöchsten Ranges, den beiden aus dem 8. Jahrhundert v. Chr. stammenden Epen „Ilias" und „Odyssee". Diese Texte sind im Versmaß des Hexameters verfasst und machen zusammen knapp tausend Druckseiten aus. Obwohl der Großteil der antiken Literatur verloren ist, sind gerade „Ilias" und „Odyssee" vollständig erhalten; das ist nicht nur ein glücklicher Zufall, sondern hat seinen Grund in der Tatsache, dass diese Werke die ganze Antike hindurch als musterhaft angesehen und wegen der Fülle ihrer dramatischen Geschichten und der Schönheit ihrer Sprache immer wieder gelesen und veröffentlicht wurden, sodass es zahlreiche Handschriften gibt.

---

16 Paschke, Uwe K. (Hg.): Weltgeschichte, Erlangen 1994, vgl. ab S. 84
17 Schuller, Wolfgang: Die Frühzeit Griechenlands. In: Zeitverlag Gerd Bucerius GmbH & Co. Kg (Hg.): Welt- und Kulturgeschichte. Band 04, ab S. 12

Es gibt viele deutsche Übersetzungen aus dem griechischen Originaltext, selbst klassisch geworden aber ist die Übersetzung von Johann Heinrich Voß aus dem 18. Jahrhundert, die heute wegen ihrer Sprache bereits Patina angesetzt hat und deshalb den Eindruck einer gewissen erhabenen Entrücktheit hervorruft. Gleich, welche Übersetzung man benutzt, in jedem Fall müssen sich die heutigen Leserinnen und Leser intensiv einlesen, um den Reiz und die Faszination zu spüren, die man im Altertum oder auch noch vor zweihundert Jahren bei der Lektüre empfand. Dann aber lohnt es sich und wird zum unverlierbaren Erlebnis."[18]

„Der historische Wahrheitsgehalt der beiden Homer zugeschriebenen Epen - „Ilias" und „Odyssee" - ist umstritten. Über sein Leben weiß man fast nichts – das Marmorbildnis wurde Jahrhunderte nach seinem Tod geschaffen."

---
18 Ebenda, S. 12f mit Abbildung

„Steile Küsten und enge Täler verhinderten das Herausformen größerer Machtgebilde. Neben der gemeinsamen Sprache war die Religion ein wichtiges Element zur Bildung einer gesamtgriechischen Identität. Regelmäßig pilgerte man zu bedeutsamen Kultstätten wie Delphi, Olympia und Eleusis."[19]

„Olympia, in der Landschaft Elis auf der Peloponnes gelegen, wurde erst weltberühmt durch die panhellenischen Wettspiele. Diese Olympischen Spiele waren in der griechischen Antike die bedeutendsten und sind deshalb im 19. Jahrhundert zum Vorbild für erneuerte Spiele geworden.

Der antiken Tradition nach wurden die Spiele in Olympia im Jahre 776 v. Chr. begründet; andere Daten sind in der wissenschaftlichen Diskussion. Die Spiele fanden alle vier Jahre statt (penterisch, fünfjährig, nannten sie die Griechen, weil sie die Jahre mit den Spielen mitrechneten) und wurden von der Stadt Elis ausgerichtet, zeitweise machte das benachbarte Pisa das den Eleern streitig. Elis stellte die Kampfrichter, die zehn Hellanodiken

---
19 Ebenda, S. 114 mit Karte

("Griechenrichter"), die die Aufsicht über die Wettkämpfe führten und die Preise - Kränze aus Ölbaumzweigen – verliehen.

Die erste Disziplin war ein Wettlauf über das Längenmaß eines Stadions, das als Olympisches Stadion – nach Verlegung der Laufstrecke seit etwa 350 v. Chr. - 192 Meter betrug; das Längenmaß bezeichnete dann auch die sportliche Wettkampfstätte. Sieger war, wer jeweils zuerst ankam; es gab ja keine Stoppuhren, und zudem gab es nur einen Sieger, keine weiteren Plätze. Im Laufe der Zeit kamen weitere Disziplinen hinzu, so Ringkampf, Boxen, Wagenrennen, Pankration (eine Art Freistilkampf), Diskuswerfen, Weitsprung, Speerwerfen, Wettreiten und Waffenlauf."[20]

Bedingt durch die peloponnesischen Kriege verloren die griechischen Stadtstaaten an Bedeutung und kamen unter die Oberhoheit des makedonischen Königs Philipp. Dessen Sohn Alexander brachte nach Philipps Tod ganz Vorderasien unter seine Herrschaft. Auf diese Weise verbreitete sich die griechische Schriftsprache bis nach Asien und Nordafrika.

Auf der folgenden Karte wird erkennbar, wie weit sich das Reich Alexanders in den Osten und über Ägypten ausbreitete. Es war nicht leicht, dieses riesige Reich zu verwalten und dafür zu sorgen, dass die Steuern aus den Regionen korrekt gezahlt wurden, in der Regel in Form von Edelmetall oder von Getreide oder anderen Lebensmitteln und Getränken. Wein wurde bereits damals gerne getrunken, zum Teil auch im Übermass.

---

20 Ebenda, S. 120f

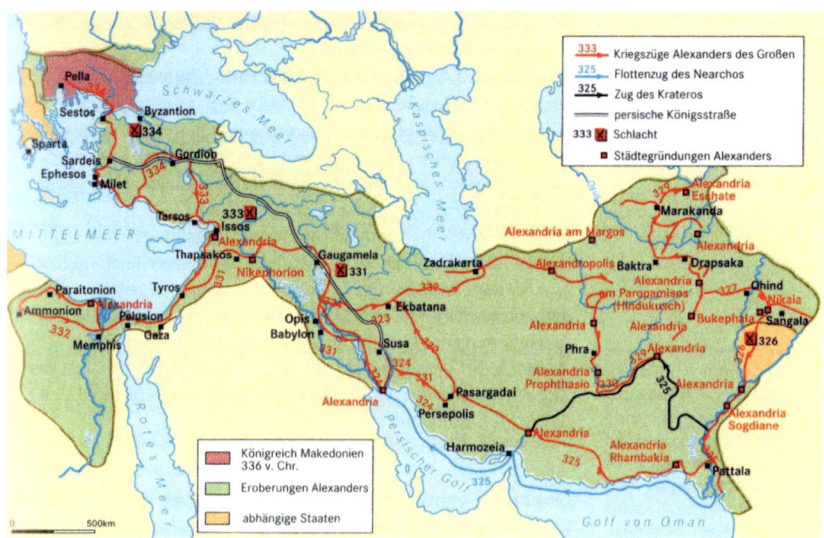

„Mit seinem Orientfeldzug begründete Alexander der Große seinen Ruf als größter Feldherr der Antike. Er wollte mit seinem Heer die Ostgrenze der bewohnten Welt erreichen. Seinen Weg säumten zahlreiche v. a. Militärische Gründungen mit dem Namen Alexandria."[21]

In Gordion zerschlug Alexander 333 den sogenannten Gordischen Knoten und besiegte bei Issos den Großkönig Dareios III. „Dareios floh unter Zurücklassung seiner Familie, die von Alexander mit allen Ehren behandelt wurde."[22]

---

21 Ebenda, S. 305 mit Karte
22 Ebenda, s. 305ff

„332/331 gründete Alexander der Große die Stadt Alexandria am nordwestlichen Rand des Nildeltas. Die Stadt war die erste Gründung dieses Namens und wurde später die Begräbnisstätte Alexanders. Es sind heute nur sehr geringe Reste antiker Baudenkmäler erhalten (Satellitenaufnahme)."[23]

„Im Juni 323 v. Chr. befiel Alexander ein heftiges Fieber, an dem er, noch nicht 33 Jahre alt, starb. Die Faszination seiner Persönlichkeit und seiner Leistung blieb."[24]

Die Wissenschaften wurden in Griechenland immer bedeutender. Nicht nur die antiken Weltwunder (siehe Bild auf der folgenden Seite) wurden vermessen und untersucht, sondern auch die bekannte Oberfläche der Erde wurde berechnet und kartographiert.

---
23 Ebenda, S. 311 mit Abbildung
24 Ebenda, S. 326

„Nach antiker Überlieferung soll Thales von Milet Ägypten bereist haben und dort auch ausgebildet worden sein. Er soll u. a. die Höhe der Pyramiden nach der Länge ihres Schattens berechnet haben (Cheops-, Chephren- und Mykerinospyramide, von links)."[25]

„Die Berechnung von Erdumfang und -radius sowie die Entwicklung eines Koordinatensystems der Erdoberfläche zur Bestimmung eines Standortes waren Leistungen der Erdvermesser. Eratosthenes von Kyrene, der im 3. Jahrhundert v. Chr. lebte, bestimmte als erster auf der Grundlage einer kugelförmig vorgestellten Erde relativ genau den Erdumfang. Er schuf die Gradmessungsmethode: Durch geodätische Messungen wird die Länge eines Meridianstückes ΔM bestimmt, astronomische Messungen liefern den zugehörigen Zentriwinkel a. Der gesuchte Umfang U ergibt sich aus der Beziehung U : ΔM = 360° : a. Aus dem Erdumfang lässt sich dann der Erdradius errechnen. Eratosthenes

---

25 Ebenda, S. 331 mit Abbildung

arbeitete mit dem Meridianbogen Alexandria – Syene, dessen Länge er auf umgerechnet wohl 925 Kilometer schätzte. Eine Kamelreise zwischen den beiden Orten dauerte durchschnittlich fünfzig Tage bei einer Tagesleistung von umgerechnet etwa 18,5 Kilometer. Den Zentralwinkel bestimmte er aufgrund der Einfallsrichtung des Sonnenlichtes bei der Sommersonnenwende zu 7° 12'.

Dies ergab für den Erdumfang den Wert von 46 250 Kilometern (der tatsächliche Umfang beträgt 40 008 Kilometer) und einen Erdradius von 7 360 Kilometern (der tatsächliche mittlere Erdradius beträgt 6 371 Kilometer). Nach anderen Umrechnungsgrundlagen ergeben sich aus den Berechnungen des Eratosthenes ein Erdumfang von 39 690 Kilometern und ein Erdradius von etwa 6 317 Kilometern. Eine weitere Bestimmung des Erdradius nahm Poseidonios auf der Grundlage des Meridianbogens Alexandria – Rhodos vor und errechnete einen Wert von umgerechnet 7 072 Kilometern für den Erdradius."[26]

Das Weltreich Alexanders zerfiel allmählich wieder und wurde ersetzt durch eine aufstrebende Macht, die in Rom ihren Ausgang nahm. Im Laufe der weiteren Jahrzehnte eroberten die Römer die griechischen Provinzen und nahmen sich griechische Sklaven als Lehrer für ihre Nachkommen. Die Griechen brachten den Kindern die lateinische Schrift, auch die griechische Sprache, außerdem Mathematik und die damals üblichen religiösen Riten und Mythen bei. Es folgten außerdem Kriege gegen nordafrikanische Herrscher, von denen Hannibal aus Karthago besonders in Erinnerung ist. Berühmt geworden ist Hannibals Zug über die Alpen mit

---
26 Ebenda, S. 333f

einem Heer, das Elefanten als Reittiere mitführte, von denen aber nur ein Bruchteil diese Strapaze überlebte. Hannibal gelang es allerdings nicht, Rom einzunehmen, und später führten die Römer ein Heer gegen Karthago und zerstörten die Stadt.

Eine wichtige Rolle bei der Eroberung weiterer Provinzen spielte Caesar, der 59 v. Chr. zum Konsul gewählt worden war. Er kämpfte unter anderem gegen römische Feldherrn wie Pompejus und eroberte so Spanien. Später gelang ihm ein Coup in Ägypten gegen Ptolemäus XIII. zugunsten von dessen Schwester Kleopatra VII., die ihm ein Jahr später einen Sohn gebar: Kaisarion.

Caesar nahm später, nach weiteren Siegen, die Ernennung zum Diktator auf Lebenszeit an. Das gefiel wiederum einigen seiner Anhänger nicht. Trotz seiner großen Verdienste mit der Gründung zahlreicher Kolonien fiel er am 15.3.44 v. Chr. einem Attentat zum Opfer, angeführt von seinem Adoptivsohn Brutus und von Cassius.

Auf Caesar folgte der ebenfalls sehr erfolgreiche Oktavian, der kurz darauf den Ehrentitel Augustus erhielt. Es gab in der Folge mehr oder weniger erfolgreiche Kaiser. Etliche von ihnen wurden hingerichtet, fielen Attentaten zum Opfer oder nahmen sich das Leben, wie beispielsweise Nero. Einige waren erfolgreich in der Erhaltung des eroberten Gebiets und verwalteten es gut. Unter ihnen Diokletian, der Christenverfolger, und später Constantinus, bei uns als Konstantin der Große bekannt, der die christliche Religion als sehr geeignet erkannte, ein Volk zu beherrschen. Auf der Folgeseite ist die größte Ausdehnung des römischen Reiches auf einer Karte zu sehen.

„Diokletian richtete in prospektiven Krisengebieten die Residenzen Nikomedeia, Sirmium, Mediolaneum, Augusta Treverorum und Eburacum ein. Konstantin I. machte Byzantion – seit 330 Konstantinopel – zur neuen Hauptstadt des römischen Reiches."[27]

Es gab nun mehrere Generationen von Kaisern, die mehr oder weniger dem Christentum nahestanden. Es kam immer wieder zu Kämpfen zwischen heidnischen und christlichen Heeren. Im Jahr 394 siegte Kaiser Theodosius über das heidnische Heer des Arbogast, der sich daraufhin das Leben nahm. Seitdem gilt das Christentum als Staatsreligion. Ein Jahr später starb Theodosius und erhielt später den Beinamen „der Große".[28]

Eine Völkerwanderung begann, die aus dem Osten nach Westeuropa strömte. Im Laufe des vierten und fünften Jahrhunderts kamen Hunnen aus dem Norden und Wandalen aus Schlesien und der Slowakei und nahmen die Hauptstadt Trier ein.

---
27 Ebenda, S. 201 mit Karte
28 Ebenda, vgl. S. 201-218

Im Jahr 476 errichtete der germanische Söldnerführer Odoaker eine Militärherrschaft in Italien. Er beließ die Verwaltung den Römern. Er konnte das Verhältnis zu Senat, Kirche und Papst erhalten und seine Sympathie beim Volk durch einen Steuernachlass vergrößern.[29]

Die Langobarden übernahmen die Herrschaft über Italien und beendeten die Völkerwanderung. Sie entwickelten das Recht dahingehend weiter, dass Volk und König gleichermaßen für die Rechtsprechung zuständig waren.[30]

„Das Frankenreich unter Chlodwig I. und seinen Nachfolgern bis zu Karl dem Großen"[31]

---
29 Ebenda, vgl. S. 425
30 Ebenda, Wirth, Gerhard, vgl. S. 439f
31 Ebenda, Band 06, Erkens, Franz-Reiner, S. 358 mit Karte

Papst Hadrian I. rief Frankenkönig Karl zu Hilfe, nachdem der Vorgänger Stephan III. mit dem Langobardenkönig Desiderius ein Bündnis eingegangen war. Karl kämpfte eher widerwillig gegen Desiderius, bezwang ihn jedoch und verwies in ins Kloster. Er übernahm die Königswürde über die Langobarden ohne großen Widerstand.[32]

Es folgten etliche Begegnungen mit den Sachsen, die nicht immer friedlich verliefen. Bis zur Unterwerfung der Sachen und ihrem Zugeständnis, sich taufen zu lassen, ließen einige tausend Menschen ihr Leben.

„Darstellung Kaiser Karls des Großen am um 1215 entstandenen Karlsschrein; links des Kaisers ist Papst Leo III., rechts Bischof Turpin zu sehen (Aachen, Kathedrale)."[33]

---

32 Ebenda, vgl. S. 382f
33 Ebenda, S. 383, mit Abbildung

Inzwischen hatte Papst Leo III. sich in Rom unbeliebt gemacht und wurde festgesetzt, konnte aber fliehen. Er floh 799 nach Paderborn, um Karl um Hilfe zu bitten. Karl leitete eine Untersuchung der Vorfälle ein und nahm sich im Sommer 800 die Zeit, nach Rom einzureisen, wo er wie ein Kaiser empfangen wurde. Dort wurde das Verfahren beendet. Monate später, während der Weihnachtsmesse, setzte Leo Karl die Kaiserkrone auf und das Volk jubelte dem „Kaiser der Römer" zu. „Das Papsttum vollendete seine Emanzipation von Byzanz und schuf in Rom, unter Aufgabe anderer Ziele, staatsrechtliche Klarheit. Mit Karls Kaisertum gab es am Tiber wieder eine höchste Gerichtsinstanz, die das Urteil über die Papstattentäter fällen konnte – und der Karolinger waltete seines Amtes umgehend, verurteilte die Verschwörer zum Tode und begnadigte sie bald danach auf Fürsprache Leos."[34]

Dreizehn Jahre später erhob Karl in Aachen seinen Sohn Ludwig zum Mitkaiser und griff dabei auf byzantinische Vorbilder zurück, und im „Sommer 812 war der Ausgleich endlich erreicht und Karl von Ostrom als Imperator anerkannt; Byzanz waren dafür Venetien und Dalmatien überlassen worden."[35]

Zwei legitime Söhne Karls starben bereits 810 und 811, so dass als Nachfolger Karls nur sein Mitkaiser Ludwig übrig blieb. „Dieser konnte die Herrschaft ohne große Probleme übernehmen, als Karl am 28. Januar 814 in Aachen starb und in der Pfalzkirche seiner „Altersresidenz" die letzte Ruhe fand."[36]

---
34 Ebenda, S. 392ff
35 Ebenda, S. 394ff
36 Ebenda, S. 396

In seiner aktiven Zeit achtete Karl auf die Entwicklung der Wissenschaften, insbesondere auf die Normierung der Schrift, die überall im Frankenreich die lateinischen Buchstaben benutzte. Dadurch sind uns wertvolle Zeugnisse der damaligen Zeit erhalten geblieben. Latein wurde bei Hofe so selbstverständlich gesprochen wie die Muttersprache, Karl beherrschte außerdem mehrere Fremdsprachen. „Das erzieherische, wissenschaftliche und kulturelle Bemühen um Bildung gehörte mithin aufs Engste in den größeren Zusammenhang der Sorge für die kirchliche Reform, für die [...] Wiedereinführung der Metropolitanverfassung, für die Reorganisation der Güterverwaltung, für die Aufzeichnung oder Revision der Volksrechte (leges), für die Ordnung des Reiches, für die Festlegung von Maß, Gewicht und Münzfuß."[37] Nach Karls Tod gab es noch eine kurze Phase der Stabilität, und es wurde versucht, die Einheit des Reiches durch die Reichsordnung von 817 zu erhalten, aber nach Machtkämpfen zwischen den Nachkommen Karls, die 841 auch militärisch ausgefochten wurden, kam es zur Teilung des Reiches. Es entstand ein Westreich für Karl den Kahlen, ein Mittelreich für Lothar I. und ein Ostreich für Ludwig den Deutschen.

Im Laufe der Generationen zerfiel das Reich teilweise in Fürstentümer, die eher lose in Königreichen zusammengehalten wurden. Otto I. der Große brachte wieder Zusammenhalt ins Reich, das bis Rom reichte, aber nur einen Teil der westlichen Gebiete umschloss (siehe Abbildung auf der übernächsten Seite). Unter Otto ging man dazu über, das Reich nur einem Thronfolger zu hinterlassen, anstatt es unter den Erben aufzuteilen. Auf diese Weise

---

37 Ebenda, vgl. S. 402 - 407

ergab sich eine längerfristige Stabilität. Die Magyaren konnten auf dem Lechfeld bei Augsburg besiegt werden und bildeten keine Gefahr mehr.[38]

Weitere Generationen vergingen und viele Schlachten wurden geschlagen. Die Wikinger kamen und gingen. England wurde durch die Normannen erobert. Der Eisenpflug wurde erfunden und die Dreifelderwirtschaft eingeführt. Es kam zum Zwist zwischen Kaiser und Papst; die päpstliche Macht verfiel. Die Inquisition brachte Martern aller Arten. Die Pest suchte die Bevölkerung heim. Die Schweiz entstand.[39]

---

38 Ebenda, vgl. S. 434 – 490, mit Karte auf den nächsten Seite
39 Zeitverlag Gerd Bucerius GmbH & Co. Kg (Hg.): Welt- und Kulturgeschichte. Hamburg und Mannheim 2006. Vgl. Band 07

3. Pest, Amerika, Kriege

Im sogenannten hundertjährigen Krieg, der im Jahr 1337 zwischen Großbritannien und Frankreich begann, zermürbten sich beide Länder gegenseitig, und in dieser Zeit begann sich durch mangelhafte Hygiene die Beulenpest auszubreiten. 1348 ist als das große Pestjahr bekannt. Mehr als dreißig Millionen Tote waren im Laufe des 14. und 15. Jahrhunderts zu beklagen; ganze Gebiete wurden in Europa durch die Pest entvölkert.[40]

Während in Europa der schwarze Tod und Kriege wüteten, gelangen den Seefahrernationen England, Portugal und Spanien einige Entdeckungen entlang bekannter Küsten. Heinrich der Seefahrer hatte bis zu seinem Tod im Jahr 1460 die afrikanische Atlantikküste erforscht und die Atlantikinseln entdeckt. Zehn Jahre danach gelang es den Portugiesen, die Küste Guineas zu erobern, und sie „begannen, sich der Reichtümer jener afrikanischen Gegenden an Gold, Elfenbein und Pfeffer zu bemächtigen und das lukrative Geschäft des Handels mit Negersklaven zu betreiben. Die Umsegelung des Kaps der Guten Hoffnung durch Bartolomeu Dias im Jahre 1488 öffnete den Weg in den Indischen Ozean und ermöglichte es den Schiffen Vasco da Gamas, im Jahre 1498 Indien zu erreichen. Die Überquerung des Atlantischen Ozeans durch Christoph Kolumbus im Jahre 1492 führte zur Entdeckung Amerikas.

---

40 Diwald, Hellmut: Anspruch auf Mündigkeit. In: Propyläen-Geschichte Europas, Bd. 1, S. 27ff

Eine neue Epoche der Menschheitsgeschichte begann. Europäer traten in Übersee mit exotischen Ländern und fremdartigen Menschen in Berührung, bemächtigten sich der Naturschätze und agrarischen und gewerblichen Erzeugnisse jener fernen Räume, unterwarfen sie ihrer Herrschaft und durchdrangen sie mit den Gestaltungen ihres Kulturlebens. Die europäische „Weltgeschichte" nahm ihren Anfang.

Die epochemachende Bedeutung der überseeischen Entdeckungen wurde bereits von den Zeitgenossen empfunden. Der spanische Chronist López de Gómara bezeichnete die Entdeckung Amerikas als „das größte Ereignis seit der Erschaffung der Welt, ausgenommen die Fleischwerdung und den Opfertod unseres Erlösers". Der italienische Humanist Pietro Martire d'Anghiera, der seine spanische Wahlheimat nicht mehr verlassen wollte, um dem Schauplatz der überseeischen Begebenheiten nahe zu bleiben, erklärte: „Was seit dem Anfang der Welt getan und geschrieben worden ist, ist nach meiner Ansicht noch wenig, wenn wir es vergleichen mit diesen neuen Ländern und Meeren, jenen mannigfachen Völkerschaften und Sprachen, jenen Edelmetallschätzen und jenen Perlenvorkommen.""[41]

Der Ablasshandel der Kirche begann, man vermutete Ketzerinnen und Ketzer als Auslöser der Pest und eine beispiellose Orgie von Foltern und Ketzerverbrennungen hielt die Bevölkerung in Atem. Es wurde für die sensationshungrige Bevölkerung eine Gaudi, bei Verbrennungen oder Enthauptungen, beim Rädern oder Aufhän-

---
41 Konetzke, Richard: Überseeische Entdeckungen und Eroberungen. In: Golo Mann u. a. (Hg.): Propyläen Weltgeschichte in 10 Bänden, Frankfurt am Main und Berlin 1991, Band 6, S. 537

gen zuzusehen. Nachdenkliche Köpfe begannen, gegen diese Unsitte anzugehen und predigten ein Evangelium der Barmherzigkeit. Johannes Hus wurde als Kritiker der Kirche noch verbrannt, aber mit Martin Luther konnte die Kirche so nicht umgehen. Er übersetzte die Bibel in die damalige Alltagssprache, und 1518 erschien in Wittenberg Luthers Schrift gegen den Ablass.[42]

Schon am 31. Oktober 1517 hatte Luther 95 Thesen gegen den Ablasshandel veröffentlicht, und binnen weniger Wochen wurden diese durch Abschriften in ganz Deutschland bekannt. Der Kirchenbann wurde über ihn verhängt. Bereits im 15. Jahrhundert hatte Johannes Gutenberg die Kunst des Buchdrucks mit beweglichen Blei-Lettern erfunden, so dass die Veröffentlichungen Martin Luthers schnell Verbreitung finden konnten. Das gilt besonders für die Bibelübersetzung, die nun einer breiteren Öffentlichkeit Zugang zu den Aussagen des alten und neuen Testaments brachten. Diese Entwicklung ließ sich nicht umkehren.[43]

Im Laufe von hundert Jahren eskalierte der Kampf zwischen Reformatoren und Katholiken zum dreißigjährigen Krieg, der 1618 begann. Hier kämpften die katholischen Kaiser und deren Fürsten gegen die reformatorischen Fürsten, unterstützt von den skandinavischen Königen und später auch von Frankreich.[44]

---

42 Ebenda, vgl. S. 325-331
43 Ebenda, vgl. ab S. 325
44 Neuhaus, Helmut: Der dreißigjährige Krieg. In: Zeitverlag Gerd Bucerius GmbH & Co. KG, Hamburg und Mannheim 2006, Welt- und Kulturgeschichte in 20 Bänden, Band 08, vgl. S. 369-379

„Noch mitten im Krieg begannen 1644 in Münster und Osnabrück die Verhandlungen Kaiser Ferdinands III. und des Reiches mit den Franzosen einerseits und den Schweden andererseits, die am 24. Oktober 1648 in den Westfälischen Frieden mündeten. Abgeschlossen kurz nach dem ebenfalls in Münster ausgehandelten Frieden zwischen Spanien und den Vereinigten Niederlanden, schrieb er jene Ordnung für das Heilige Römische Reich Deutscher Nation und für Europa fest, die im Wesentlichen bis zur Wende vom 18. zum 19. Jahrhundert Bestand haben sollte."[45]

Im Verlauf des Spätmittelalters und der frühen Neuzeit entwickelten sich mehrere Weltwirtschaftszentren, Städte wie Venedig, Genua, Barcelona, später Sevilla und Lissabon, danach Antwerpen, Amsterdam und endlich auch London. Die Erschließung Amerikas durch mehrere Besiedlungswellen brachte den Welthandel in Schwung, wodurch die Kolonialmächte sehr an Macht und Einfluss gewannen. Sowohl Portugal als auch Spanien setzten so stark auf Expansion, dass alsbald Staatsbankrotte die Folge waren. Insbesondere die Spanischen Staatsbankrotte von 1557 und 1575 brachten die Hochfinanz erheblich in Schwierigkeiten, unter denen vor allem die Genuesen und Oberdeutschen (Augsburger Fugger) zu leiden hatten. Das förderte den Aufstieg Amsterdams zum neuen Welthandelszentrum.[46]

Die niederländische Handelsmacht war hocheffizient organisiert und handelte sehr erfolgreich mit Gewürzen, Gold aus der Karibik und vor allem Sklaven. Allmählich kamen auch die Londoner Kaufleute auf den Geschmack, hatten bereits 1599 die East India

---
45 Ebenda, S. 385
46 Ebenda, vgl. S. 208f

Company gegründet und ermunterten die Nachbarländer auf dem Kontinent zu ähnlichen Gründungen. Es kam zur niederländisch-englischen Rivalität, die 1652 zu einem Seekrieg eskalierte. „Kurz nach dessen Ende 1654 wandte sich die englische Flotte der Eroberung spanischen Territoriums zu und brachte zwischen 1655 und 1658 Jamaika unter englische Herrschaft."[47]

Durch die niederländischen Tugenden Fleiß und Mobilität gelang den Niederlanden der Aufstieg zur führenden Weltwirtschaftsmacht. Man importierte Massenprodukte und erzeugte im Inland veredelte Nahrungsmittel wie Milch und Käse, Raps, Flachs, Rüben und Tabak. Die Heringsfischerei brachte das wichtige Produkt des konservierten Herings auf den Markt, der in importiertes Salz in importiertem Holz eingelegt war. Der Walfang brachte den Grundstoff für Leuchtenergie, die „Tranfunzel" in alle Welt. Die Schiffsform wurde weiterentwickelt, so dass die Niederlande bald die schnellsten Segelschiffe der Welt besaßen. Diese waren sogar in der Lage, beispielsweise eine mit Silber beladene spanische Flotte zu erbeuten und damit die eigene Position im Welthandel zu stärken.[48]

Frankreich bemühte sich derweil, mit den Niederländern und den Engländern mitzuhalten, besonders um den prunkvollen Lebensstil seiner Könige (man denke an Ludwig XIV.) zu finanzieren, aber ohne besonderen Erfolg. „Schon nach dem Utrechter Frieden 1713 musste Frankreich Akadien, Neufundland und das Gebiet um die Hudsonbai Großbritannien überlassen. Gegen Ende des Siebenjährigen Krieges trat Frankreich im Vorfrieden von Fontaine-

---
47 Ebenda, S. 210ff
48 Ebenda, vgl. S. 213-217

bleau 1762 fast sein ganzes Kolonialreich in Nordamerika an Großbritannien ab. Nur einige unbedeutende Besitzungen in Guayana und einige Inseln des westindischen Archipels wie Guadeloupe und Martinique blieben in seinem Besitz. So verlor der französische Handel wesentliche Bastionen in der neuen Welt."[49]

Bedingt durch die britischen Erfolge konnte Großbritannien immer weitere Kolonien in Besitz nehmen und häufte durch die Arbeit der Kolonialbevölkerung und von Sklaven weitere Reichtümer auf.

„Blick auf die 1671 unter Karl II. fertig gestellte Royal Citadel in Plymouth. Die Stadt an der südenglischen Kanalküste war und ist ein wichtiger Kriegs- und Handelshafen."[50]

In den kontinentaleuropäischen Ländern bildeten sich absolutistische Regierungsformen, während in England durch die Revo-

---
49 Ebenda, S. 218ff
50 Ebenda, S. 220ff mit Abbildung

lution 1688/89 eine konstitutionelle Monarchie entstand. „Im Unterschied zu den Ständeversammlungen anderer Staaten besaß das englische Parlament das Recht, neue Steuern zu genehmigen. Des Herrschers persönliche Schatulle war seit 1693 fein säuberlich vom Staatsschatz getrennt. Zu den Errungenschaften der Glorreichen Revolution zählte daneben die Fundierung der Staatsschulden, das heißt die Absicherung der Zins- und Tilgungszahlungen durch Einnahmequellen, die Gründung der Bank von England und die Ausgestaltung eines neuen Finanzsystems, das im Allgemeinen in der Lage war, den großen politischen Vorhaben finanziellen Rückhalt dadurch zu gewähren, dass ein organisierter, unabhängiger, leistungsfähiger Kapitalmarkt existierte. Dieser diente bald vielen Ländern und ließ in London das neue Finanzzentrum der Welt entstehen.

Gleichwohl kennzeichneten auch in England staatliche Interventionen und die besondere Förderung nationaler Interessen die Wirtschaftspolitik. Diese Eingriffe waren zuweilen eher kurios als effizient: So bestimmte man etwa gesetzlich, dass Leichen in wollenen Totenhemden zu bestatten seien, um die Wollwirtschaft zu fördern. Zum Segen der Fischerei erlegte man den überwiegend protestantischen Untertanen mehr fleischlose Tage, also Fischtage, auf, als gemeinhin eingefleischten Katholiken zugemutet wurden. Mit der Navigationsakte von 1651 wollte das englische Parlament das niederländische Frachtmonopol brechen, den Zwischenhandel ausschließen, die Kolonien stärker an das Mutterland binden und dem Land im Dienstleistungsbereich Lohn und Brot sichern. Nach England durften nur noch Waren auf englischen Schiffen eingeführt werden, das heißt, das Schiff musste einem Engländer gehören, unter einem englischen Kapitän fahren und eine Besatzung führen, deren Personal zu drei Vierteln einen englischen Pass hatte. Der Handel von Dritten in die englischen Kolonien hatte über das Mutterland zu erfolgen; umgekehrt konnten Kolonialgüter nur indirekt über die Insel auf den kontinentaleuropäischen Markt gelangen. Diese Bestimmungen brachten England nicht nur Vorteile: Sie provozierten den illegalen Handel und stärkten – etwa in Nordamerika – Separationskräfte, die den Nährboden der Amerikanischen Revolution bereiten halfen. Dennoch hielt das Parlament an seiner Politik des strikten wirtschaftlichen Nationalismus bis zur Aufhebung der Navigationsakten 1849 und 1854 fest."[51]

„Boston in Neuengland wurde um 1700 zum wichtigsten Hafen der Engländer in Nordamerika."[52]

---
51 Ebenda, S. 220f
52 Ebenda, S. 227 mit Abbildung

Im Jahre 1776 lösten sich die Nordamerikaner von der englischen Vorherrschaft durch militärische Überlegenheit und schufen mit ihrer Unabhängigkeitserklärung einen Staat, der ständig weiter wuchs. Die Industrialisierung wurde vorangetrieben, „etwa die Textilindustrie in Massachusetts, die Glas- und Papierindustrie sowie […] Tabak- und Baumwollanbau. Ein florierender Schiffbau in den Küstenstädten bildete die Grundlage für den expandierenden Transatlantikhandel. Das Geschäft zwischen Neuengland und China, so zum Beispiel dasjenige Bostoner Kaufleute mit Kanton, die dort Pelze verkauften und Tee sowie Seide einkauften, wuchs beträchtlich.

Als im beginnenden 19. Jahrhundert die südamerikanischen Staaten um ihre Freiheit vom portugiesischen beziehungsweise spanischen Mutterland kämpften, rüsteten häufig amerikanische Waffenhändler die Unabhängigkeitskämpfer aus.

Auch in Europa belebte sich der Handel zusehends und wurden neue Märkte erschlossen. Das Russlandgeschäft expandierte beachtlich, zumal mit Archangelsk und Sankt Petersburg zwei bedeutende Handelszentren von internationalem Rang hervortraten. Im Süden wurde Odessa als Getreideexporthafen wichtig.

Russland gelang es 1689 mit dem Vertrag von Nertschinsk, die erste zwischenstaatliche Vereinbarung zwischen China und einer westlichen Macht abzuschließen, in deren Folge es seit Ende des 17. Jahrhunderts staatliche Karawanen nach Peking organisierte, bis der Privathandel über Kjachta im Laufe des 18. Jahrhunderts die Irkutsklinie gegenüber der Karawanenstraße in den Vordergrund treten ließ. Jedenfalls weitete Russland sein Geschäft mit

Persien, Buchara und China aus. Mit Tee ließen sich ebenso gute Umsätze erzielen wie später mit sibirischem Gold."[53]

Im 16. Jahrhundert begann allmählich der Sklavenhandel. Die sich ausbreitenden Siedlungen in Amerika benötigten viele Arbeitskräfte für die Bearbeitung ihrer Plantagen. Die meisten Sklaven wurden allerdings an spanische Kolonien verkauft. Am Sklavenhandel beteiligten sich Portugiesen, später auch Niederländer, Franzosen und Engländer. Das Geschäft mit Sklaven war sehr einträglich und wurde als Dreiecksgeschäft über den Atlantik geführt (siehe Abbildung auf der nächsten Seite). „Meist wurden die Sklaven angekettet oder mit Handfesseln gebunden an Bord gebracht und in der amerikanisch-karibischen Welt gegen Zucker, Kaffee, Baumwolle, Kakao oder Tabak eingetauscht, also gegen koloniale Massenprodukte, deren Nachfrage im 18. Jahrhundert auf den europäischen Märkten außerordentlich stieg."[54]

Der Sklavenhandel wurde endgültig 1820 verboten. Die Dänen waren dabei Vorreiter, gefolgt von Großbritannien 1807, den USA 1808, den Niederlanden 1814 und von Frankreich 1815. „Nicht nur humanitäre Gründe beeinflussten das Verbot, sondern auch wirtschaftliche Interessen. Die britische Wirtschaft hatte sich verändert. Der Handel mit Zucker, Baumwolle, Rum, Tabak und anderen Kolonialprodukten, ob im Rohzustand oder verarbeitet, verlor zunehmend an Wichtigkeit. Dagegen dominierte der Export von Fertigwaren aus der Industrieproduktion, deren Stärke mehr in der Kapitalzusammenballung, in der Mechanisierung der Arbeitsmethoden und in Großbritanniens Reichtum an Eisenerz

---
53 Ebenda, S. 227f
54 Ebenda, S. 243f

„Beim transatlantischen Dreieckshandel wurden Metallwaren, Alkohol und andere Waren aus Europa an der westafrikanischen Küste gegen Sklaven eingetauscht, diese in Amerika verkauft, um die Schiffe mit Anbauerzeugnissen der Sklavenkolonien – Zucker oder Baumwolle – nach Europa zurückzuführen."[55]

und Kohle lag. Die Entdeckung des Rübenzuckers beschleunigte zudem den Niedergang des Zuckerhandels."[56]

In Europa setzte sich die Aufklärung mehr und mehr durch, und nicht nur Friedrich II. war von ihr angetan, sondern besonders französische Intellektuelle. In der Ständeversammlung wurde vom dritten Stand die Bildung einer Nationalversammlung gefordert und am 17. Juni 1789 erklärt, unterstützt von liberalen Adligen. Die Mehrheit der Geistlichkeit schloss sich ebenfalls dem dritten Stand an. Am 20. Juni kamen die Vertreter der neu konstituierten

---

55 Ebenda, S. 244 mit Abbildung
56 Ebenda, S. 250

Nationalversammlung „im Ballhaus zu Versailles zusammen und leisteten den feierlichen Eid, nicht eher auseinanderzugehen, bis Frankreich eine Verfassung habe. Das entschlossene Eintreten für Freiheit und Gleichheit wurde in einem Akt revolutionärer Eintracht beschworen.

Dies war der erste Akt der epochalen Wende von 1789: die Revolution der Deputierten in Versailles, während deren Verlauf zwei prominente Überläufer aus de Reihen von Adel und Klerus, Graf Mirabeau und der Abbé Sieyès, dem König und damit der alten Monarchie die Stirn geboten hatten. Im Sommer 1789, von Mai bis Oktober, brach das jahrhundertealte Ancien Régime zusammen. Was die Rezepte des aufgeklärten Reformabsolutismus in fünf Jahrzehnten nicht hatte bewirken können, vollbrachte jetzt die Revolution in wenigen Monaten. Nach der Revolution der Abgeordneten von Mai bis Juni 1789 bestimmte dann letztlich das Eingreifen des Volkes den Lauf der Geschichte."[57]

Es folgt die Erstürmung der Bastille, die als Kerker gedient hatte, vor allem für Schriftsteller, Zeitungsschreiber, Buchhändler und Buchdrucker und Opfer der Inquisition, und die unter dem Jubel der Bevölkerung zerstört wurde. Der Stadtrat von Paris wurde zu einer mächtigen Nebenregierung, seine Nationalgarde zum Vorläufer der Volksarmee.

Eine Bauernrevolution folgte. Daraufhin wurde das alte Feudalsystem von der Nationalversammlung als abgeschafft erklärt. Im

---

57 Pelzer, Erich: Vom dritten Stand zur Nation: Die Revolutionen im Sommer 1789. In: Zeitverlag Gerd Bucerius GmbH &Co. KG, Hamburg 2006Bibliographisches Institut, Mannheim 2006, Welt- und Kulturgeschichte in 20 Bänden, Band 10, S. 237ff

Juli 1793 wurden die seigneurialen (herrschaftlichen) Rechte enteignet und das alte Feudaleigentum ging in bürgerliches Privateigentum über, das für unantastbar erklärt wurde. Dadurch wurden die Bauern mit der Revolution versöhnt.[58]

„Jean-Jacques Rousseaus 1762 erschienenes Werk „Der Gesellschaftsvertrag", in dem er an die Stelle des Naturmenschen den mündigen Bürger setzte, wurde rasch zur „Bibel" der Revolutionäre. Das Porträt des Autors schuf Jean Édouard Lacretelle im 19. Jh. (Versailles, Musée National)."[59]

Der König floh aus Paris und versuchte, die Preußen und Österreich zum Eingreifen zu seinen Gunsten zu bewegen. Die folgenden kriegerischen Auseinandersetzungen führten dazu, dass Ludwig XVI. wieder eingefangen wurde. Nun begann die Schreckensherrschaft eines Maximilian de Robespierre, die nicht nur dem König, sondern auch etlichen Revolutionären der ersten Stunde zum Verhängnis wurde: Sie wurden hingerichtet.

Robespierre übertrieb die Säuberungen bis zum Exzess, so dass seine Mitstreiter seiner überdrüssig wurden. Am 27. Juli 1794

---

58 Ebenda, vgl. S. 241ff
59 Ebenda, S. 253, mit Abbildung

wurde Robespierre festgenommen und einen Tag später hingerichtet.[60]

Es entstanden die Leitbegriffe Freiheit, Gleichheit, Brüderlichkeit, die fortan der französischen Revolution die Richtung weisen sollten. Auch im militärischen Bereich tat sich nun ein charismatischer Anführer hervor, der 1796/97 einen triumphalen Italienfeldzug durchführte: Napoleon Bonaparte. „Der Zusammenstoß zwischen dem napoleonischen Frankreich und den Mächten Alteuropas führte zu einer völligen Umgestaltung der politischen und Territorialen Lage, die 1814/15 auf dem Wiener Kongress trotz aller Bemühungen um eine Restauration des Ancien Régime nicht mehr rückgängig gemacht werden konnte.

Die bahnbrechende Laufbahn Napoleons als Zerstörer der alteuropäischen Welt und Gestalter des modernen Europa begann 1796 in Italien. Er vertrieb dort die Österreicher aus ihrem politischen Einflussgebiet und ordnete ganz Italien neu, indem er auf Kosten alter souveräner Mächte Schwesterrepubliken auf der italienischen Halbinsel einrichtete. Sie waren allesamt wichtige Außenposten der französischen Revolutionspropaganda. Selbst das Scheitern seines Ägyptenfeldzugs (1798/99), mit dem sein Weltreichtraum, auf den Spuren Alexanders des Großen Indien zu erreichen, vor der syrischen Festung Akko ein abruptes Ende fand, tat seiner Karriere keinen Abbruch. Im Gegenteil: Da sich die militärische Lage in Europa während seiner Abwesenheit grundlegend verändert hatte, wurde sein militärisches und politisches Genie in Paris dringend benötigt."[61]

---
60 Ebenda, vgl. S. 260 - 280
61 Ebenda, vgl. S. 303 - 312

Um seine Ideen besser durchsetzen zu können, putschte er am 9.11.1799, unterstützt durch Abbé Sieyès, gegen das Direktorium. Er übernahm die Oberhoheit über das Militär und ließ sich als erster von drei Konsuln für die nächsten zehn Jahre bestätigen. Er agierte sozialpolitisch klug und beendete den Krieg mit der zweiten europäischen Koalition. Durch Plebiszit erhielt er ein Konsulat auf Lebenszeit. Er reformierte die Gesetzgebung und schuf Ausgleich für alle Bevölkerungsschichten. Der Klerus musste der Regierung den Treueeid leisten und erhielt dafür ein Gehalt. Die bürgerlichen Rechte wurden im Code civil niedergelegt, der 1807 in Code Napoleon umbenannt wurde. Er ist im Prinzip bis heute gültig.

Um royalistische Attentate und Verschwörungen einzudämmen, krönte Napoleon sich im Beisein des Papstes am 2.12.1804 selbst zum Kaiser. Er führte 1808 den erblichen Verdienstadel ein, der nicht auf Herkunft, sondern auf Verdiensten basierte. Die militärischen Aktionen im umgebenden Ausland waren nur teilweise erfolgreich. Allerdings erzielte er Erfolge gegen Preußen, das sich zunächst zurückhielt, gegen Russland und Österreich, und konnte nach Russland vordringen. Aber gegen den russischen Winter war er relativ machtlos. Nach herben Verlusten kehrte er zurück nach Westen und wurde nun mehrfach geschlagen, unter anderem von Marschall Blücher („Marschall Vorwärts"), der selbst auch Niederlagen einstecken musste. Nach einer Verbannung nach Elba wurde Napoleon von dort wieder befreit und versuchte erneut sein Kriegsglück. Aber er wurde wieder geschlagen, zuletzt von Wellington in Waterloo, der von preußischem Militär unterstützt Napoleon sein „Waterloo" bereitete.

Die „Niederlage bei Waterloo südlich von Brüssel am 18. Juni 1815 bedeutete das Ende des Empire. Nach der Abdankung begab sich der geschlagene Empereur in die Obhut des britischen Erbfeindes, der ihn auf die Atlantikinsel Sankt Helena verbannte, wo er am 5. Mai 1821 starb."[62]

Es gab nun, bedingt durch die von den Siegermächten dominierten Friedensverhandlungen, den Versuch, die Monarchie in Frankreich wieder einzuführen. Das stieß immer wieder auf den Unwillen der Franzosen. Es gab Streiks und erneute Revolutionen, von denen die von 1830 recht markant war, da sie Karl X. zur Abdankung zwang. „Die Ziele der Revolution von 1830 waren nicht eigentlich gegen die Restauration gerichtet. Vielmehr trat sie an gegen das anachronistische Auftreten eines wieder erstarkten Adels, der an eine Fortsetzung seiner Privilegien aus dem 18. Jahrhundert glaubte, und einer ultramontanen – papsttreuen, an Rom orientierten – Geistlichkeit, die noch stärker vergangenheitsorientiert zurückschaute."[63]

Während der Revolutionswirren in Europa hatte sich in Amerika eine Trennung zwischen den USA und Kanada ergeben. Während Kanada nach wie vor der britischen Krone treu blieb, hatten die USA sich von den Briten getrennt und gingen eigene Wege. Sehr gemächlich ging die Erweiterung der USA vonstatten.

Nur zögerlich wurden neue Staaten in die Union aufgenommen. Beispielsweise wurde Vermont 1777 mit eigener Verfassung

---

[62] Ebenda, vgl. S. 320 - 340
[63] Ebenda, vgl. S. 360 - 370

„Die Freiheit führt das Volk". „Die romantische Allegorie der Julirevolution 1830 von Eugène Delacroix zeigt neben der Figur der Freiheit mit der Trikolore auch den Maler selbst (mit Zylinder). Louis Philippe erwarb das Bild 1831 für das königliche Museum (Paris, Louvre)."[64]

ausgestattet, aber erst 1791 von der Union als 14. Staat akzeptiert.[65]

Die Frauen waren in Amerikas Verfassung eher vernachlässigt. Für die Kindererziehung waren sie gut genug, aber an Gleichberechtigung war damals noch nicht zu denken. Derweil zogen sich die Unabhängigkeitskämpfe hin, und mit Hilfe der Franzosen

---

64 Ebenda, S. 370, mit Abbildung
65 Heideking, Jürgen: Das Streben nach Glück: Die Amerikanische Revolution. In: Ebenda, vgl. S. 490 - 497

konnte im Frühjahr 1782 in Paris mit Friedensverhandlungen begonnen werden. „Am 30. November 1782 schlossen die britischen und amerikanischen Unterhändler einen Präliminarfrieden, der allerdings erst ein Jahr später, nach der Unterzeichnung des Friedens von Paris am 3. September 1783, in Kraft trat.

Durch geschicktes Taktieren hatten Franklin und seine beiden Mitdelegierten ihre Maximalziele nahezu erreicht: Großbritannien erkannte die amerikanische Unabhängigkeit formell an, trat das gesamte Territorium zwischen den Appalachen und dem Mississippi an die Vereinigten Staaten ab und räumte den Amerikanern Fischfangrechte vor Neufundland und Neuschottland ein. Kanada nördlich der Großen Seen blieb britisch, wobei die Grenzen noch nicht unzweideutig definiert wurden. Der Friedensschluss zwischen den europäischen Mächten brachte keine wesentlichen Veränderungen, abgesehen von der Tatsache, dass Großbritannien Florida an Spanien zurückgeben musste. Das wichtigste Ergebnis aus amerikanischer Sicht war natürlich – abgesehen von der Unabhängigkeit selbst – die Öffnung der riesigen Westgebiete, in die nun bereits Siedler zu strömen begannen."[66]

---

66 Ebenda, vgl. S. 498 - 512

4. Die industrielle Revolution

Zu Beginn der Neuzeit, als die Kugelgestalt der Erde endgültig entdeckt und umschifft wurde, lebten etwa 500 Millionen Menschen auf dem Globus. Wir können hier das Jahr 1500 zugrunde legen. Durch die Wiederentdeckung des dünn besiedelten Amerikas bot sich Raum für Auswanderer, und aus dem dicht besiedelten Europa ergossen sich immer wieder Auswanderungswellen in die „Neue Welt". Viele Menschen retteten sich so vor dem Verhungern in der „Alten Welt".

Die Weltwirtschaft blühte auf, Tüftler erfanden den mechanischen Webstuhl. Tücher und Teppiche wurden dadurch billiger. Es gab immer neue Erfindungen. Auf die Entdeckungen und Eroberungen der Kontinente folgte mit zunehmender Aufklärung die sogenannte industrielle Revolution. In England wurde der erste mit Koks befeuerte Hochofen zur Stahlerzeugung gebaut. Es wurden Eisenschienen als Transportwege gebaut und anschließend Dampfmaschinen als Antrieb für Lokomotiven eingesetzt. Es entstand ein Eisenbahnnetz, auf dem die Loks Personen und Güter mit irrsinniger Geschwindigkeit von mehr als 30 km/h befördern konnten. Diese Technik wurde während des 19. Jahrhunderts in der ganzen Welt verbreitet.

Es gab die Bruderkriege zwischen Frankreich und Deutschland, auch die Donaumonarchie war betroffen. Die USA und Japan entwickelten sich zu Großmächten, während Europa 1914 in einem schönen Sommer durch einen Zwischenfall gestört wurde.

Am 28. Juni 1914 wurden der österreichische Thronfolger Franz Ferdinand und seine Frau von einem Serben erschossen. Das wollte Österreich nicht hinnehmen und plante eine Bestrafungsaktion, obwohl Russland als Schutzmacht der Serben sich dagegen wandte. Deutschland fühlte sich Österreich verbunden und unterstützte dessen Bestrebung, so dass man fast aus Versehen in den ersten Weltkrieg hineinschlitterte.

Es entwickelte sich ein Krieg gegen Russland und Frankreich, in dessen Verlauf Millionen von Soldaten fielen.

Im Verlauf dieses Krieges gab es 1917 in Russland eine erfolgreiche Revolution gegen den Zaren. Großbritannien war an Frankreichs Seite in den Krieg eingetreten, und schließlich beteiligten sich auch die USA. Die Amerikaner brachten Panzer mit, die stärker motorisiert waren als die ersten Automobile und maßgeblich zum Sieg im Jahr 1918 beitrugen.

Der Blutzoll des Ersten Weltkriegs wird mit 20 817 000 Toten beziffert. Das waren mehr als doppelt so viele Tote wie während des Dreißigjährigen Krieges von 1618 bis 1648, in dem rund acht Millionen Menschen getötet worden waren.[67]

Bereits im Jahr 1885 war das Automobil von Carl Benz entwickelt worden, die ersten Automobile kamen auf den Markt und wurden weltweit zu einem weiteren Entwicklungsschritt in der industriellen Revolution.[68] Die Amerikaner waren in der Vermarktung und Weiterentwicklung sehr erfolgreich.

---

67 Holz, Matthias und Schönauer, Mats: 400 Jahre Blutzoll. In: DIE ZEIT Nr. 21 vom 17. Mai 2018, S. 40
68 https://de.wikipedia.org/wiki/Carl_Benz

Auch auf militärischem Gebiet setzten sie die Technik des Automobils erfolgreicher ein als die Europäer. So konnten sie unter anderem mit den besseren Panzern den Ersten Weltkrieg entscheiden. Der deutsche Kaiser musste abdanken, und es entwickelte sich eine Republik.

Weltweit begann nun die Wirtschaft wieder zu wachsen, Die Dampfschifffahrt brachte Güter über den Atlantik und den Pazifik, unabhängig von den Winden. Die Eisenbahnen brachten Güter und Personen über die Kontinente und Inseln. Henry Ford begann bereits im Jahr 1913, mit Fließbändern zu produzieren. Das führte zu bezahlbaren Autos, und die Mittelständler konnten sich ein solches Gefährt immer häufiger leisten. Die Fließbandarbeit war allerdings hart und eintönig, und es kam überall dort, wo sie eingeführt wurde, zu Protesten. Von Henry Ford ist der Satz bekannt: „Autos kaufen keine Autos". Entsprechend gut bezahlte er seine Arbeiter und versuchte, die Fließbandarbeit zu erleichtern.[69]

Die Lokomotiven und Dampfschiffe fuhren allerdings noch mit Kohle, die unter Tage, auch mit Kinderarbeit, in England und Deutschland gewonnen wurde. Die Arbeitsbedingungen waren oft erbärmlich, so dass sich schon im 19. Jahrhundert Arbeiterparteien gebildet hatten, um Verbesserungen herbeizuführen. Zudem wurden die Hochöfen für die Eisenerzgewinnung durch Koks beheizt, und die Arbeit war gefährlich und hart.

Im Oktober 1929 wurde die weltweit wachsende Wirtschaft durch einen Börsenkrach in New York plötzlich gestoppt. Es erfolgte

---

[69] https://de.wikipedia.org/wiki/Henry_Ford

eine Phase der Deflation, der Arbeitslosigkeit und des Hungers, so dass im Jahr 1933 Adolf Hitler mit Hilfe der unzufriedenen Bevölkerung an die Macht kommen konnte. Er ließ Autobahnen bauen, die Jugend in den Arbeitsdienst gehen und Panzer bauen. So brachte er die Bevölkerung wieder in Arbeit. Es begann eine Verfolgung der Juden, die 1938 zu Pogromen führte.[70]

Eine systematische Verbringung der Juden in Konzentrationslager folgte, und nach Hitlers Angriff auf Polen folgte die systematische Vernichtung der Juden, nicht nur der deutschen Juden. Es kam außerdem zur massenhaften Tötung von behinderten Kindern und Erwachsenen, der Euthanasie. Sinti und Roma wurden verfolgt.[71]

Der Zweite Weltkrieg begann, unter dem besonders Russland zu leiden hatte. Frankreich ließ sich zur Hälfte überrollen. Großbritannien und zuletzt die USA zogen gegen Hitler zu Felde. Der Krieg währte sechs Jahre lang und forderte wiederum Millionen an Opfern.[72]

„Es kam ab 1942 zu einem strategischen Bomberkrieg gegen deutsche Städte, gegen Flugzeugfabriken und Ölraffinerien, so dass bis 1944 die deutsche Kriegswirtschaft nahezu zum Erliegen gebracht worden war." Am 6. Juni landeten die Alliierten in Nordfrankreich. Paris fiel im August unzerstört in die Hände der Alliierten und Charles de Gaulle übernahm die französische Regierung.[73]

---

70 https://de.wikipedia.org/wiki/Adolf_Hitler
71 Ebenda
72 Ebenda
73 Olzog, Kurt: Globalisierung der Politik. Norderstedt 2018, vgl. S. 150f

„Eine der so genannten „Wunderwaffen", die V2-Rakete, soll den Krieg für das Deutsche Reich wenden. Sie wird ab September 1944 hauptsächlich gegen belgische und britische Städte eingesetzt und hat v. a. eine psychologische Wirkung auf die Zivilbevölkerung."[74]

Am 2.5.1945 kapitulierte Berlin nach Hitlers Selbstmord Ende April. Auch die Japaner waren inzwischen kriegsmüde geworden. Trotzdem warfen die USA am 6.8. über Hiroshima und am 9.8. über Nagasaki je eine Atombombe ab. In Hiroschima gab es sofort 130 000 Tote „und die Stadt wurde zu 80 Prozent zerstört. Mehr als 240 000 Menschen starben durch die Langzeitfolgen."[75]

---

74 Ebenda, mit Abbildung, entnommen aus: Wendt, Bernd Jürgen: Der Zweite Weltkrieg. In: Welt- und Kulturgeschichte. Zeitverlag GerdBucerius GmbH & Co KG, Hamburg 2006, Band 14, vgl. S. 54-69
75 Olzog, Kurt: Globalisierung der Politik. Norderstedt 2018, vgl. S. 153

„Hiroshima: Ruine des Gebäudes der Industrie- und Handelskammer („Atombombendom"), Mahnmal zum Gedenken an die Atombombenexplosion von 1945"[76]

„Nach dem Krieg wurden von den Siegermächten Kernfusionsbomben, auch Wasserstoffbomben genannt, entwickelt und getestet, kamen aber bisher glücklicherweise nicht zum Einsatz."[77]

---

76 Olzog, Kurt: Energiewende im Klimawandel. Zweite erweiterte Auflage, Norderstedt 2017, S. 28. Abbildung und Zitat entnommen aus: DIE ZEIT: Das Lexikon in 20 Bänden, Band 06, S. 423
77 Ebenda, S. 29

Der Zweite Weltkrieg 1939-1945 forderte insgesamt 46 409 000 Opfer, wobei die Opfer des Völkermords des Holocausts mit eingerechnet sind.[78]

„Motiviert durch die schrecklichen Folgen der beiden so kurz aufeinander folgenden Weltkriege wurde am 26. Juni 1945 die Charta der Vereinten Nationen in San Francisco unterzeichnet von 51 Delegierten. Kern der UNO (United Nations Organization) bildet der Sicherheitsrat, bestehend aus fünf ständigen Mitgliedern und zehn nichtständigen Mitgliedern in zweijährigem Wechsel. Die ständigen Mitglieder setzen sich aus den Siegermächten des Zweiten Weltkriegs zusammen: USA, UdSSR (heute Russland), China, Großbritannien und Frankreich. Diese ständigen Mitglieder haben ein Vetorecht, falls sie ihre Interessen gestört sehen. Dieses Vetorecht wurde während des nun aufkommenden „kalten" Krieges häufig genutzt, um die jeweilige Gegenseite auszubremsen und eigene Interessen zu wahren. Als Deckmäntelchen in der Argumentation diente jeweils der Erhalt des Friedens."[79]

Ein Internationaler Gerichtshof entstand in Den Haag (Niederlande), der zusammentritt, sobald Anklage wegen des Bruchs internationaler Rechtsnormen erhoben wird. Bedingt durch den aufkommenden „Kalten Krieg" wurde die Nordatlantische Verteidigungsorganisation gegründet, kurz die NATO. Seit 1955 konnte auch die Bundesrepublik Deutschland Mitglied sein. Zwei Blöcke standen sich nun gegenüber: der Warschauer Pakt im Osten und die Nato im Westen der Nordhalbkugel. Beide Seiten

---

78 Holz, Matthias und Schönauer, Mats: 400 Jahre Blutzoll. In: DIE ZEIT Nr. 21 vom 17. Mai 2018, vgl. S. 40
79 Olzog, Kurt: Globalisierung der Politik. Norderstedt 2018, S. 155

waren inzwischen mit zahlreichen Wasserstoffbomben ausgerüstet. 1957 schossen die UdSSR einen Satelliten namens Sputnik ins Weltall, was der westlichen Welt einen Schock versetzte.[80]

„Der sowjetische Kosmonaut Juri Gagarin – hier in seinem Raumanzug kurz vor dem Start – umkreiste am 12.4.1961 in der Raumkapsel Wostok als erster Mensch die Erde."[81]

Die Weltmächte USA und UdSSR lieferten nun sich ein Wettrennen um den ersten Platz im Weltraum. „Zwischen 1961 und 1965 erstreckte sich das Rangerprogramm, unter anderem zur Vorbereitung der ersten unbemannten Mondlandung. Es war der

---
80 Ebenda, vgl. S. 157ff
81 Ebenda, S. 159 mit Abbildung, entnommen aus: Loth, Wilfried: Von den Schauprozessen zum „Tauwetter". S. 448

Aufbruch zur Erforschung anderer Himmelskörper und gipfelte zunächst im Surveyor-Programm.

Von 1966 bis 1968 landeten fünf amerikanische Surveyor-Sonden weich auf dem Mond, zwei zerschellten. Durch dieses Programm wurde die Landetechnik für bemannte Mondlandungen entwickelt, die später im Apollo-Programm verwendet wurde.

Das Apollo-Programm der NASA wurde durchgeführt zwischen den Jahren 1968 und 1972 und hatte drei Hauptziele: zum Ersten bemannte Mondflüge, zum Zweiten erdnahe Orbitallabors und Orbitalobservatorien, zum Dritten unbemannte Sonden zu den Planeten Mars und Venus."[82]

Die erste bemannte Mondlandung gelang mit Apollo 11 am 20. Juli 1969, am 21. Juli betrat Neil Alden Armstrong als erster Mensch den Mond.[83]

Raumfahrt: Kommandeur Dave Scott der Apollo-15-Mission (26.7. bis 7.8.1971) hisst die amerikanische Flagge auf dem Mond.

---

82 Olzog, Kurt: Der Mond – Rohstoffquelle und Weltraumbasis. Norderstedt 2017, S. 9f
83 Ebenda, S. 10f, mit Abbildung aus: DIE ZEIT: Das Lexikon in 20 Bänden, Hamburg 2005, Band 14 S. 313

Die letzte bemannte Mondlandung bisher (Apollo 17) war die sechste und bildete den Abschluss des Apollo-Programms.[84]

„Es gab neben dem Wettlauf ins Weltall auch eine sehr gefährliche Parallelentwicklung: Die Entwicklung der Wasserstoffbombe, die anders als die Kernspaltungsbombe eine Fusion von Wasserstoff herbeiführt und nochmals unvorstellbar zerstörerischer wirkt als die Bomben von Hiroshima und Nagasaki. Außerdem konnte man nun Trägerraketen bauen, die jeden Punkt der Erde erreichen konnten. Ein Wettrüsten setzte ein, Atomtests mit Wasserstoffbomben wurden durchgeführt in Wüstengegenden und auf Atollen. Neben den USA und der UdSSR wurden auch Großbritannien und Frankreich und später China zu Atommächten, und im Laufe der Jahrzehnte kamen Indien, Israel und Pakistan hinzu.

In der Weltpolitik begann die Erkenntnis zu reifen, dass man aus Versehen einen Dritten Weltkrieg auslösen konnte, in dessen Verlauf die Erde mehrfach unbewohnbar gemacht werden könnte.

Das führte dazu, dass am 1. August 1975 im Rahmen der Konferenz über Sicherheit und Zusammenarbeit in Europa (KSZE) von 35 Staaten eine sogenannte Schlussakte von Helsinki unterzeichnet wurde, die aber nur aus Absichtserklärungen bestand.

Es wurde im Laufe der Jahre erst deutlich, dass jetzt ein Prozess der Entspannung entstanden war, der zwar nicht vollkommen war, aber den Frieden in Europa und besonders zwischen der Nato und dem Warschauer Pakt sichern half. Der entstandene KSZE-Prozess „wurde nicht von einer internationalen Organisation mit Satzung und festgeschriebenen Verfahrensvorschriften getragen,

---
84 Ebenda, vgl. S. 10 und S. 43

sondern entfaltete seine Dynamik vielmehr durch lockere Übereinkünfte zu andauernder Zusammenarbeit, die" gemeinsame Interessen herausfanden und dadurch zu einer diplomatischen Vorgehensweise führten."[85]

„Eine Folge des KSZE-Prozesses war eine Annäherung der „Kalten Krieger" auf diplomatischem Wege. Hinzu kamen Versuche, die durch Wirtschaft und wachsendem Konsum hervorgerufenen Probleme zu erkennen und womöglich zu beherrschen. Die westeuropäischen Länder schlossen sich allmählich stärker zusammen und bildeten die europäische Wirtschaftsgemeinschaft (EWG), die sich weiterentwickelte zur Europäischen Union (EU).

Die [...] Römischen Verträge wurden von den sechs Mitgliedsländern Frankreich, Italien, Belgien, Luxemburg, Niederlande und Deutschland besiegelt. Ende der 1970er Jahre wurde das europäische Währungssystem (EWS) ins Leben gerufen. „Das EWS trat zum 13. März 1979 in Kraft. Von den mittlerweile neun Mitgliedsländern der EG beteiligte sich nur Großbritannien nicht; als Ländern mit besonders schwachen Währungen wurden Italien und Irland größere Währungsabweichungen zugestanden. Mit dem EWS war die Einführung der europäischen Währungseinheit ECU (European Currency Unit) verbunden. Sie bestand aus festen Anteilen der meisten Währungen der EWS-Staaten (Währungskorb), die der Wirtschaftskraft des jeweiligen Landes entsprachen. Der ECU diente nicht nur als Rechnungseinheit für den Haushalt

---

85 Olzog, Kurt: Globalisierung der Politik. Norderstedt 2018, S. 161f. Vgl. auch: Czempiel, Ernst-Otto: Im Zeichen der Hoffnung: Der KSZE-Prozess und die Schlussakte von Helsinki. S.261f

der Gemeinschaft, sondern auch als Referenzgröße für die Bemessung der nationalen Währungen."«[86]

„Eine neue Zäsur bahnte sich an, die sowohl in Europa als auch in der Welt für Änderungen sorgen sollte. Michael Sergejewitsch Gorbatschow wurde im März 1985 zum Generalsekretär der KPdSU und Präsidenten der Sowjetunion gewählt. Es begannen Verhandlungen über Abrüstung, nachdem im Westen im Jahr 1983 die Stationierung von Mittelstreckenraketen begonnen worden war. Die Sowjetunion war dadurch wirtschaftlich in die Knie gezwungen worden, und der neue Generalsekretär Gorbatschow bemühte sich nun darum, die Aufrüstungsspirale zu beenden. Er versuchte, eine Reform der Wirtschaft in der Sowjetunion zu etablieren. Glasnost (Offenheit) und Perestroika (Umbau) sollten die Menschen für Reformen bereit machen. Diese Signale machten sich die zum Westen gerichteten Warschauer-Pakt-Staaten zunutze und genehmigten sich zunehmende Freiheiten.

„Von der Wucht der nun folgenden Ereignisse in Osteuropa wurde Gorbatschow nicht minder überrascht als alle anderen Regierungen in Ost und West. Innerhalb weniger Monate zerfiel die europäische Nachkriegsordnung."«[87]

„In dieser Zeit trat ein Ereignis ein, das als bis dahin größte Reaktorkatastrophe der zivilen Kernkraftnutzung gilt: Im

---

[86] Ebenda, S. 162f. Vgl. auch: Loth, Wilfried: Mehr Staaten, mehr Zuständigkeiten: Die Entwicklung der Europäischen Gemeinschaften. S. 275-280
[87] Ebenda, S. 163. Vgl. auch:Katzer, Nikolaus: Mauer und Stacheldraht verschwinden: Die Auflösung des Ostblocks. S. 409-414.
Siehe auch: Gorbatschow, Michail: Perestroika. Die Zukunft der Sowjetunion. Frankfurt am Main, Wien 1988

ukrainischen Tschernobyl kam es am 26.04.1986 zu einem Reaktor-Super-GAU (größter anzunehmender Unfall)."[88]

Tschernobyl: Blick auf Block 4 des Kernkraftwerks nach der Explosion am 26. 4. 1986

„...Gorbatschow äußerte sich erstmals am 14.05.1986 in einer Fernsehrede zu diesem Vorfall. Erst zwei Wochen nach dem Unfall konnte der Brennprozess im Graphit-Teil des Reaktors gestoppt werden. Offiziell erlitten 203 Werksangestellte schwere Strahlenschäden, 17 starben an Verbrennungen, 15 an Verstrahlung. 45.000 Menschen wurden aus den betroffenen Gebieten

---

88   Ebenda, S. 164, entnommen aus: Olzog, Kurt: Energiewende im Klimawandel. Zweite erweiterte Auflage, Norderstedt 2017, S. 30f. Abbildung entnommen aus: DIE ZEIT: Das Lexikon in 20 Bänden, Band 15, S. 111

evakuiert, später weitere 90.000 Einwohner (offizielle Mitteilung)."[89]

Der Niedergang der KPdSU (Kommunistische Partei der Sowjetunion) ging einher mit der Demokratisierung des Riesenreiches. Mehrere Parteien wurden zugelassen. Währenddessen bildeten sich auch in Polen und den anderen „Bruderstaaten" der Sowjetunion Demokratien heraus, und der Trend der politischen Entwicklung zeigte zunehmend auf Europa. In der Sowjetunion gewann der Reformer Boris Jelzin zunehmend an Einfluss und Macht, und er war sogar in der Lage, einen Putsch der Reformgegner abzuwehren und ins Gegenteil zu wenden.

Schon unter Gorbatschow hatte sich eine Abwendung von bis dahin abhängigen Ländern von der Sowjetunion abgezeichnet. Als erste Unionsrepublik gab Estland im November 1988 eine Souveränitätserklärung ab. Im Dezember 1989 stimmte Litauen für eine Loslösung von der KPdSU. Am 11. März 1990 erklärte sich Litauen für unabhängig. Infolge der Auflösung der Sowjetunion erklärte auch Lettland seine Unabhängigkeit. [90]

In den westlichen Ländern verfolgte man dieses Geschehen mit Staunen. Der Verfall der bisherigen Stabilität des Ostblocks und seine Auflösungserscheinungen durch den neuen Kurs Gorbatschows begrüßten viele.[91]

---

89 Olzog, Kurt: Energiewende im Klimawandel. S. 31f
90 Katzer, Nikolaus: Mauer und Stacheldraht verschwinden. Vgl. S. 409-417
91 Ebenda, vgl. S. 415

„1989 begann der Fall des Eisernen Vorhangs."[92]

Auch die Europäische Union entwickelte sich durch den Wegfall des Eisernen Vorhangs weiter. In der folgenden Karte von Europa und der Europäischen Union sind die Beitrittsdaten der zur EU gehörenden Länder farblich abgesetzt dargestellt:

---

92 Ebenda, S. 415, mit Karte

„Europa und die Europäische Union"[93]

Im Jahr 1992 wurde die Europäische Union im Vertrag von Maastricht als politische Union gegründet. Hiermit wurde eine gemeinsame Industriepolitik, Bildungspolitik, Kulturpolitik, Gesundheitswesen und Verbraucherschutz angestrebt. Transeuropäische Netze der Verkehrssysteme, der Telekommunikation und

---

93 Boldt, Hans: Auf dem Weg zum einigen Europa: Die Europäische Union. In: Welt- und Kulturgeschichte. Zeitverlag Gerd Bucerius GmbH & Co KG, Hamburg 2006, Band 16, S. 241, mit Karte

der Energieversorgung wurden beschlossen. Eine Währungs- und Wirtschaftsunion sollte bis spätestens 1999 entstehen.[94]

Aber es dauerte noch bis zum 1.1.2002, bis der Euro in zwölf Staaten gesetzliches Zahlungsmittel wurde (siehe obige Karte). Inzwischen haben sich die beteiligten Bevölkerungen daran gewöhnt und die Volkswirtschaften profitieren sehr stark von der neuen Währung.[95]

Seitdem sind sieben weitere Staaten dem Euroraum beigetreten: Slowenien 2007, Malta und Zypern 2008, die Slowakei 2009, Estland 2011, Lettland 2014 und Litauen 2015. Weitere EU-Staaten dürfen dem Euroraum beitreten, sobald sie die Maastricht-Kriterien erfüllen.[96]

Am 11.9.2001 waren die Doppeltürme des New-Yorker World Trade Center durch Terroranschläge mit gekaperten Flugzeugen zerstört worden. Rund 3000 Menschen starben. Als Ursache des Terrorismus wurde das Ausbildungszentrum von al-Qaida in Afghanistan unter der Taliban-Herrschaft erkannt, gegen das ab Oktober 2001 erfolgreich Krieg geführt wurde. Am 20. März 2003 begann ein Krieg gegen den Irak, der offiziell wenige Wochen dauerte. Der Terroristen-Anführer Osama Bin Laden konnte allerdings noch etliche Jahre in Verstecken überleben und von dort aus weiteren Terror verbreiten.[97]

---

94 Ebenda, vgl. S. 242ff
95 Ebenda, S. 253
96 Der neue Fischer-Weltalmanach 2019, vgl. S. 561
97 Dippel, Horst: Unter dem Banner des Neokonservatismus und des „Kriegs gegen den Terror": Die Präsidentschaft George W. Bushs. In: Welt- und Kulturgeschichte. Zeitverlag Gerd Bucerius GmbH & Co KG, Hamburg 2006, Band 16, vgl. S. 207-216

Folgende Staaten haben inzwischen Beitrittsgesuche zur EU eingereicht: Albanien, Bosnien und Herzegowina, Island, Mazedonien, Montenegro, Serbien und die Türkei. Fast alle werden heute als Beitrittskandidaten geführt, Beitrittsverhandlungen wurden mit Montenegro, Serbien und der Türkei begonnen. Die Schweiz hat ihr Beitrittsgesuch von 1992 zurückgezogen, da die Bevölkerung gegen den Beitritt gestimmt hat.[98]

Großbritannien und Nordirland gehören wie Irland seit 1973 zur EU. Allerdings hat Großbritannien wegen eines Referendums mit knappem Ausgang ein Austrittsgesuch eingereicht und verhandelt nun (2018-2019) über den sogenannten Brexit.[99]

In den USA meldete am 15. September 2008 die US-Investmentbank Lehman Brothers Insolvenz an. Dies führte weltweit zu einer Finanzkrise und bremste das Wirtschaftswachstum in den USA und Europa zeitweilig aus. In der Folge mussten auch in Europa Banken gerettet werden. Die Arbeitslosenquote in der Eurozone stieg auf 9,2 %, ein Höchststand seit 1999.[100]

Am 11.03.2011 erschütterte ein Erdbeben der Stärke 9,0 den Nordosten Japans. Darauf folgte ein Tsunami, der weite Landesteile verwüstete. Nach offiziellen Angaben kamen 15 000 Menschen zu Tode, 500 000 Menschen mussten in Notunterkünften untergebracht werden. In der Folge fielen im etwa 270 km nördlich gelegenen Kernkraftwerk Fukushima-Daiichi Kühlsysteme aus. Dadurch kam es in drei Reaktorblöcken zur Kernschmelze. Es war nach Tschernobyl der zweite Super-GAU und

---

98 Der neue Fischer-Weltalmanach 2019, vgl. S. 559
99 Ebenda
100 Der Fischer Weltalmanach 2010, S. 41, 47 und 52ff

führte dazu, dass etliche Länder, unter anderem Deutschland, ihre Pläne bezüglich der Kernenergie revidierten.[101]

Zerstörter Reaktor des KKW Fukushima Daiichi am 24.3.2011

Trotz aller Rückschläge entwickelten sich Industrie und Weltwirtschaft weiter, und neue Technologien eroberten den Weltmarkt. Es entstand das Internet und entwickelte sich zum World Wide Web (www). Suchmaschinen entstanden. Google ist momentan die wichtigste Firma, heute mit „Alphabet" als Mutterkonzern. Bereits Jahre vorher war ein Konkurrenzkampf zwischen der altehrwürdigen Computerfirma IBM und den aufstrebenden Softwarefirmen Microsoft und SAP entstanden, aus dem die Firmen mit unterschiedlichem Erfolg hervorgingen. Microsoft und SAP agieren wie auch Google inzwischen weltweit mit wachsendem Erfolg

---

101 Olzog, Kurt: Energiewende im Klimawandel. S. 38ff mit Abbildung, entnommen aus: Der neue Fischer Weltalmanach 2012, S. 26

gefolgt von Facebook, einer Softwarefirma, die als soziales Netzwerk entstanden ist. Während die heute am Weltmarkt führenden Hardwarefirmen im Computerbereich, Intel, HP und IBM, Apple, DELL etc. auf Hardwarestandorte angewiesen sind, operierten die Softwarefirmen von wenigen Standorten aus und begannen recht früh damit, Niederlassungen in Ländern zu gründen, die nur geringe Steuern einzogen, wie Irland oder die britischen Kanalinseln Isle of Man und Jersey oder einige karibische Inseln, Panama oder gar Luxemburg oder die Schweiz.

Dieses Gebaren führte dazu, dass die großen „digitalen" Firmen in ihren Heimatländern nur wenige Steuern zahlen, weil sie ihre Gewinne in Steueroasen transferieren, in denen kaum Steuern anfallen. Bisher war dieses Verhalten legal. Die Politiker einiger Staaten merkten jedoch, dass ihnen durch diese Konstellation Milliarden Dollar an Steuereinnahmen verloren gingen und versuchten, ihre Steuersysteme zu harmonisieren. Die europäischen Staaten arbeiteten mit Hochdruck an einer Lösung dieses Problems mit zunehmendem Erfolg. Es kam zu einer Globalisierung der Politik, indem regelmäßige Konferenzen der sieben bis acht wichtigsten Industriestaaten stattfanden (G8, heute ohne Russland G7 wegen der Krim-Annexion), später auch Konferenzen der zwanzig wichtigsten Industrie- und Schwellenländer (G20), um die globalisierte Weltwirtschaft in geordnete Bahnen zu lenken.

In den 1990er Jahren tat sich ein weiteres globales Thema auf: der Klimawandel. Allmählich merkten Klimaforscher, dass die Erde sich zunehmend erwärmt. Es wurde ein zentrales Klimaregister gegründet, das „Intergovernmental Panel on Climate Change" (IPCC), das zur Überwachung des Klimawandels installiert wurde. Es gab mehrere Parameter zu kontrollieren. Der erste war die Entwicklung der globalen Mitteltemperatur. Man legte als Mittelwert einen dreißigjährigen Zeitraum von 1961 bis 1990 zu Grunde und maß daran die globale Durchschnittstemperatur ab der Wetteraufzeichnung zu Beginn der Industrialisierung. Der zweite Parameter war der Beitrag einzelner Gase zum anthropogenen Treibhauseffekt. Hier stellte sich CO_2 (Kohlendioxid) als das klimaschädliche Gas heraus, das mit 55 % den größten Anteil hatte. Mit 17 % war CH_4 (Methan) vertreten, troposphärisches Ozon kam auf 14 %, FCKW/HFCKW (Fluor-Chlor-Kohlenwasserstoffe) erreichten 9 % und N_2O (Stickoxide) 5 % Beitrag.[102]

Mehr als 150 Staats- und Regierungschefs kamen vom 30.11. bis zum 12. Dezember 2015 zum Klimagipfel in Paris zusammen und beschlossen, alles zu tun, damit sich die Erde bis zum Ende des Jahrhunderts nicht mehr als 1,5 Grad Celsius erwärmt im Vergleich zur vorindustriellen Zeit. Das ist sicher ein ehrgeiziges Ziel, das nur durch weitere Globalisierung der Politik gelingen kann. Auch die wichtigsten Banken und Versicherungen haben beschlossen, nicht weiter in fossile Brennstoffe zu investieren.[103]

Inzwischen gehen sogar Schüler und Studenten weltweit jeden Freitag in den Streik, genannt „Fridays for Future", teilweise mit Eltern und Lehrern, um die Welt wachzurütteln und die Politiker endlich zum Handeln zu bewegen. Die Initiatorin dieser Streikwelle ist die Schülerin Greta Thunberg aus Schweden. Sie wurde unter anderem vom französischen Präsidenten Emmanuel Macron

---

[102] Olzog, Kurt: Energiewende im Klimawandel. 2. Aufl. Norderstedt 2017, vgl. S. 52-66
[103] Ebenda, vgl. S. 100 bis 111

empfangen. Als wichtigsten ersten Schritt betrachtet die junge Generation den sofortigen Ausstieg aus der Braunkohle-Verstromung, die weitere Forcierung von Fotovoltaik und Windenergie, und den Umstieg von fossilen Energieträgern auf Wasserstofferzeugung zur Speicherung überschüssiger Energie und als Antriebsstoff für Brennstoffzellenfahrzeuge. Für Letzteres fehlt die Infrastruktur noch weitestgehend (2019), obwohl bereits Brennstoffzellen-PKW auf dem Markt sind.

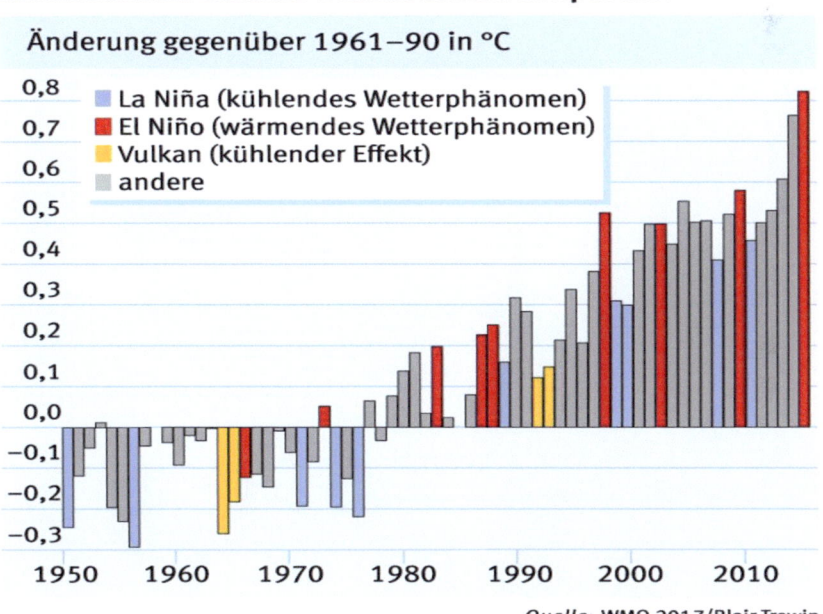

Die Grafik der globalen Durchschnittstemperatur wurde entnommen aus: Der neue Fischer Weltalmanach 2018, S. 693. Die Grafik wurde geringfügig gestaucht.[104]

---
104 Ebenda, S. 113

„Es wird immer deutlicher, dass der Globalisierung der Weltwirtschaft mit ihrer Industrie und dem Verkehrswesen eine Globalisierung der Politik folgen muss, um die schlimmsten Auswüchse, auch bezogen auf den Klimawandel, einzudämmen."[105]

---

105 Olzog, Kurt: Globalisierung der Politik. S. 176

5. Die medizinische Entwicklung

Vor rund 10 000 Jahren war die Weltbevölkerung schätzungsweise bereits auf fünf Millionen Menschen angewachsen. Für eine Verdopplung der Anzahl brauchten die Menschen damals einige tausend Jahre. Bis zur Zeitenwende vor gut 2000 Jahren hatten sich die Menschen auf über 200 Millionen vermehrt. Vor 500 Jahren lebten bereits etwa 500 Millionen Menschen auf dem Globus, zu verdanken hauptsächlich dem Ackerbau und der Viehzucht. Von nun an beschleunigte sich das Bevölkerungswachstum nahezu stetig.

Trotz der Katastrophen wie Pest und Dreißigjähriger Krieg wuchs die Weltbevölkerung bis 1750 auf mehr als 600 Millionen an und übertraf 100 Jahre später bereits die Marke von einer Milliarde. Um 1900 lebten bereits mehr als 1,5 Milliarden Menschen auf der Erde. Bis dahin war die Verdopplungszeit auf 139 Jahre gefallen. Seit dieser Zeit, dem Beginn der Industrialisierung, veränderte sich die Vermehrungsrate. Lebten im Jahr 1950 noch 2,5 Milliarden auf dem Globus, waren es 20 Jahre später bereits rund 3,7 Milliarden. Die Wachstumsrate war auf 2 % gestiegen, die Verdopplungszeit auf 34 Jahre gefallen.

Seit dieser Zeit fiel die Wachstumsrate ganz allmählich wieder, so dass sie im Jahr 2000 1,4 % erreichte bei inzwischen mehr als 6 Milliarden Weltbewohnern. Für das Jahr 2025 wird eine Wachstumsrate von 1,1 % angenommen. Die Weltbevölkerung wird dann auf rund 8 Milliarden angestiegen sein. Weitere 25 Jahre später könnte die Wachstumsrate 0,6 % betragen bei einer dann erreichten Weltbevölkerung von rund 9,5 Milliarden Menschen.[106]

Die folgende Karte aus dem Neuen Fischer Weltalmanach 2019 zeigt anschaulich die weiter anhaltende Bevölkerungsexplosion, und welche Erdteile vor allem daran beteiligt sind. Außerdem ist zu erkennen, von wo die Menschen migrieren und wohin. Die Ziele sind eindeutig Nordamerika und Europa, die bisher am weitesten entwickelten Weltgegenden, wo die Bevölkerung nicht oder nur wenig zunimmt. Bisher konnten sich die zahlreicher werdenden Menschen durch Urbarmachung immer neuer Lebensräume ernähren, mit allmählich abnehmendem Erfolg. Inzwischen gehen sie dazu über, Regenwald zu roden, um Palmöl zu gewinnen oder Viehherden grasen zu lassen. Das stellt sich allerdings als kontraproduktiv heraus angesichts des Klimawandels. Denn die Regenwälder werden als CO_2-Senke benötigt, um das Weiterleben der Menschen auf diesem Planeten überhaupt erst zu ermöglichen.

Durch den seit 100 Jahren sich entwickelnden, von den Menschen seit der Industrialisierung forcierten Klimawandel erwärmt sich die Erde zunehmend. Gletscher und Eiskappen auf den Polen schmelzen, die Wüsten werden größer und Süßwasser wird knapper. Es wird zu Engpässen bei der Versorgung der Menschen kommen, besonders in Afrika, wo sich dennoch die Bevölkerungsexplosion am stärksten fortsetzt ohne Aussicht auf Veränderung.[107]

---

106 DIE ZEIT: Das Lexikon in 20 Bänden, Band 02, vgl. S. 168f
107 Der Neue Fischer Weltalmanach 2019, S. 14f, mit Karte

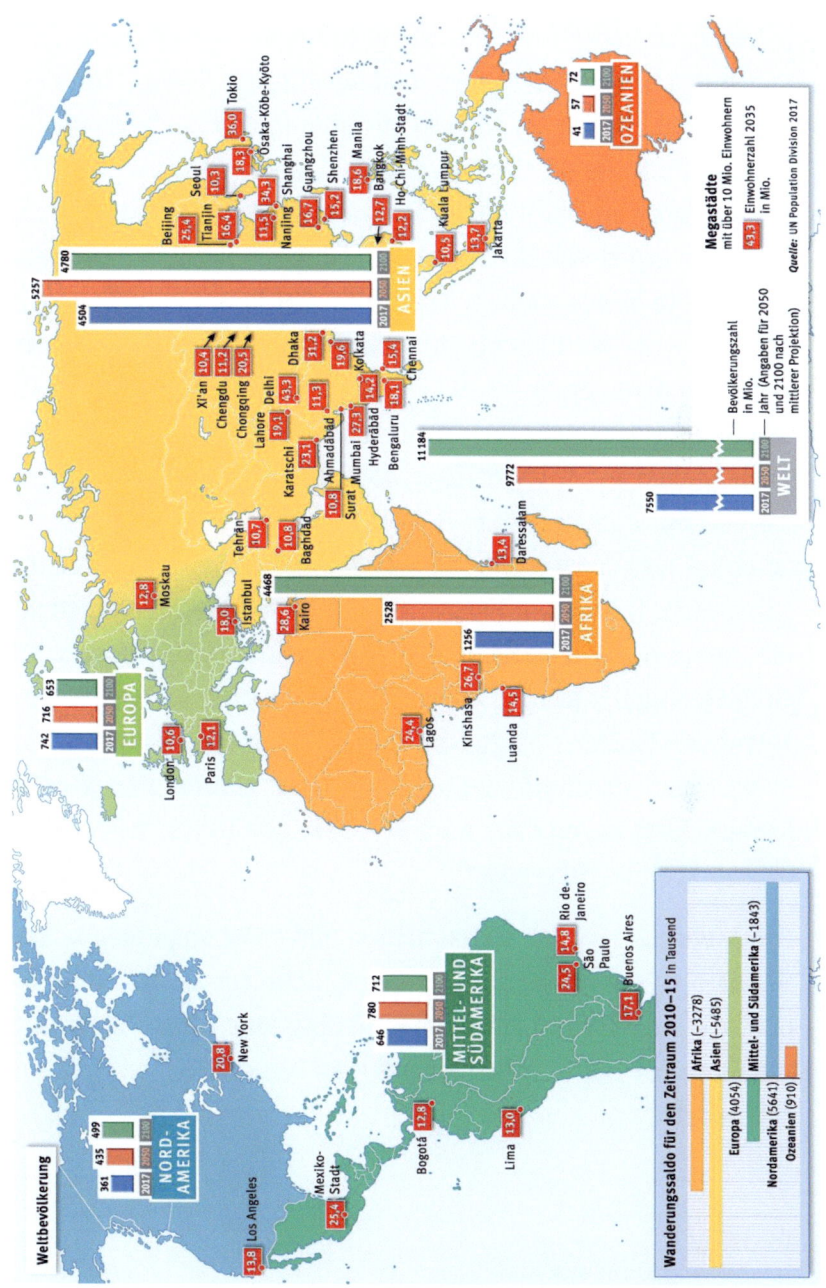

„Derzeit leben 60% der Menschen in Asien, 17% in Afrika, 10% in Europa, 9% in Südamerika und der Karibik, 6% in Nordamerika und Ozeanien. Diese Gewichtung wird sich bis zur Jahrhundertmitte deutlich verschieben, denn mehr als die Hälfte des bis dahin zu erwartenden **Bevölkerungswachstums** von 2,2 Mrd. Menschen entfällt auf Afrika. Dort soll 2050 bereits mehr als jeder vierte Mensch leben. Zum Ende des Jahrhunderts werden es dann 40% der Weltbevölkerung bzw. etwa 4,5 Mrd. Menschen sein. Von Asien erwarten die Demografen dagegen nur noch bis 2050 eine wachsende Bevölkerung. Danach wird sie langsam zurückgehen auf 4,8 Mrd. bzw. 43% der Weltbevölkerung. Auch das bereits heute moderate Bevölkerungswachstum Lateinamerikas und der Karibik soll sich in der zweiten Jahrhunderthälfte nicht fortsetzen. Für Nordamerika und Ozeanien rechnen die Forscher dagegen nicht mit einer Trendumkehr, sondern mit einem stetigen leichten Bevölkerungswachstum bis zum Ende des Jahrhunderts. Der einzige Kontinent, dessen Bevölkerungszahl bereits jetzt schrumpft und bis 2100 weiter schrumpfen wird, ist Europa. Dort sollen dann noch 653 Mio. Menschen leben, knapp 6% der Weltbevölkerung."[108]

Die Menschen wollen sich ernähren und erwarten, einen Lebensstandard zu erreichen, der sich allmählich dem der freien westlichen Welt annähert. Dazu zeigt die folgende Seite eine aufschlussreiche Karte, ebenfalls aus dem Neuen Fischer Weltalmanach 2019.[109]

---
108 Ebenda
109 Ebenda, S. 16f, mit Karte

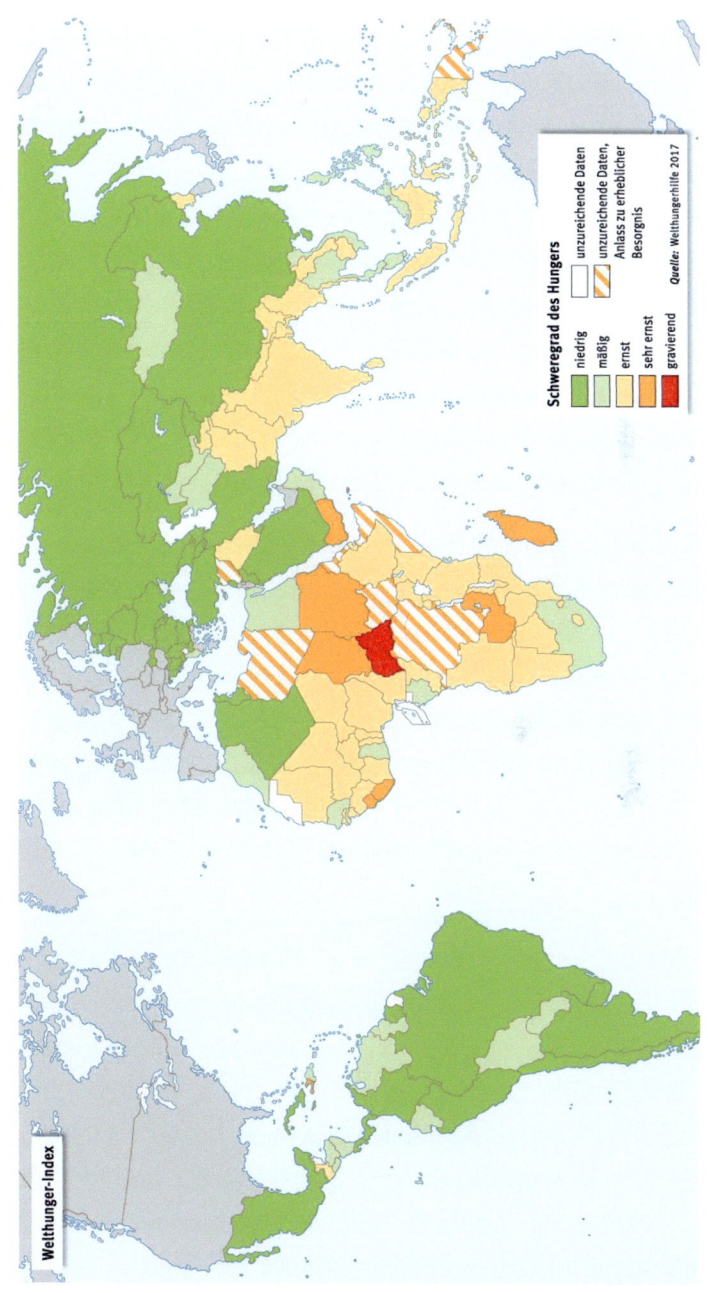

Der Anteil der Weltbevölkerung an der Unterernährung hat sich seit dem Jahr 2000 deutlich verringert. Dennoch waren 2016 rund 815 Millionen Menschen stark oder chronisch unterernährt. Dieses Problem betrifft vor allem Afrika (siehe Karte auf der vorigen Seite). Die Problematik stellt sich so dar, dass durch den Klimawandel die Ernten immer spärlicher ausfallen, viele der Weidetiere verhungern oder verdursten und trotzdem aus der Tradition heraus viele Kinder gezeugt und geboren werden. Die Kindersterblichkeit ist zwar hoch, dennoch überleben so viele Kinder, dass die Bevölkerung so stark wächst wie nirgends sonst auf der Erde. Wie lässt sich diese Entwicklung erklären?

Während der Kolonialzeit brachten die europäischen Eroberer nicht nur den Sklavenhandel nach Afrika. Dieser wurde erst 1820 endgültig verboten. Danach bauten die Kolonialmächte Bergwerke in den Kolonien zur Gewinnung von begehrten Erzen und Diamanten. Außerdem wurden Tee- und Kaffeeplantagen angebaut. Die Arbeit wurde von den Einheimischen billig erledigt, und der Profit fiel den Händlern in die Tasche. Man brauchte Eisen für die Eisenbahn und die Dampfschifffahrt und Kohle für die Stahlerzeugung.

Die Mentalität der afrikanischen Führungsclans erinnert auffällig an die Zeit des Sklavenhandels, als die Stammesoberhäupter ihren überzähligen Nachwuchs und missliebige Stammesgenossen an die Europäer verkauften und den Gewinn hauptsächlich für sich selbst verwendeten. Ähnliches geschieht heute in vielen afrikanischen Ländern mit der Entwicklungshilfe, die nur zu einem Teil der Bevölkerung zugute kommt. Änderungen werden wohl sehr allmählich im Laufe von Generationen erfolgen.

Die Rohstoffgewinnung von Erzen, auch von Uran und Diamanten wird von westlichen Firmen finanziert. Die Arbeitsbedingungen der Minenarbeiter sind in der Regel unwürdig und die Bezahlung ist schlecht. Denn wie bei der Entwicklungshilfe wird auch hier der wesentliche Anteil der Einnahmen auf Gutsherrenart verwaltet.

Dennoch hat besonders in Afrika die medizinische Entwicklung einiges bewirkt. Erinnern wir uns an Hippokrates, der 400 Jahre vor der Zeitenwende gelebt hat. Er begründete die Medizin auf natürlicher Basis und erarbeitete eine allgemeine Krankheitslehre. Allgemein bekannt ist der hippokratische Eid, der verlangt, dass ein Arzt das Leben eines Patienten erhalten und verlängern muss, solange es möglich ist. Diokles von Karystos begründete eine Diätetik und die Grundlagen der Hygiene. 100 Jahre nach Christus schrieb Soranus ein Lehrbuch der Geburtshilfe (Gynaikeia). 1150 entwarf Hildegard von Bingen eine Natur- und Heilkunde. Um 1500 entwarf Paracelsus ein Werk einer umfassenden Heilkunst und Lebenskunde. 1747 entdeckte ein englischer Arzt namens James Lind, dass Seefahrer mit Hilfe von Zitrusfrüchten oder Sauerkraut kein Skorbut mehr bekamen, woran schon Millionen Seeleute gestorben waren. James Cook war der Nutznießer und die englischen Seefahrer eroberten die Weltmeere. 1796 gelangen Edward Jenner erfolgreiche Impfungen gegen Pocken. 1895 entdeckte Conrad Röntgen die nach ihm benannten Röntgenstrahlen. 1942 führten Alexander Fleming und Kollegen das Penicillin ein. 1953 führte Jonas E. Salk die Schutzimpfung gegen Kinderlähmung ein. 1967 erfolgte die erste Herztransplantation durch Christian N. Banard. 1982 wurde die Kernspintomographie eingeführt. Außerdem wurde Humaninsulin als erste medizinisch wichtige Substanz gentechnologisch erzeugt. Ein Jahr später entdeckten Luc Montagnier und Robert C. Gallo den Aids-Erreger. 1991 gelang Stanley B. Prusiner die Isolierung der Prionen als Erreger des Rinderwahnsinns (BSE) und der Creuzfeld-Jakob-Krankheit. Im Jahr 2000 gelang die Entschlüsselung der Erbinformation des Menschen zu 90 %.[110]

Während sich die Erfolgsgeschichte der Medizin weiter fortsetzt, ist zu erwarten, das die Lebenserwartung der Menschen kontinuierlich zunimmt. Frauen wie Männer leben länger, bleiben länger gesund und genießen im Alter immer länger das Rentnerdasein. Es gibt zunehmende Erfolge bei der Heilung gefährlicher Erkrankungen wie Krebs, bei der Bekämpfung von Aids und anderen Virusinfektionen. Gegen bestimmte Krankheiten werden Impfungen angeboten, so gegen Masern, Röteln, Windpocken, Kinderlähmung etc. Die Bill-und-Melinda-Gates-Stiftung bekämpft seit Jahren die Malaria mit zunehmendem Erfolg. Wenn nur die Unterernährung in Afrika nicht so groß wäre! Während auf den anderen Kontinenten die Familienplanung mit Hilfe der Anti-Baby-Pille und anderen Verhütungsmethoden zu einem langsameren Bevölkerungswachstum geführt hat, in Europa sogar zu einem Bevölkerungsrückgang, explodiert die Bevölkerung in Afrika weiterhin. Durch Spenden an Hilfsorganisationen werden Nahrungsmittelhilfen in Afrika ermöglicht, was die Geburtenrate allerdings nicht zurückgehen lässt. In China hat die Regierung im vorigen Jahrhundert die Ein-Kind-Politik eingeführt, die pro

---

[110] DIE ZEIT: Das Lexikon in 20 Bänden, Band 09, S. 444ff. Siehe auch: Yuval Noah Harari: Eine kurze Geschichte der Menschheit. S. 338

Familie nur ein Kind erlaubte. Inzwischen ist dort die Bevölkerungsexplosion gestoppt und es kommt zu einer Gegenbewegung, um die Alterung der Gesellschaft nicht zu stark werden zu lassen. Betrachtet man die Altersgliederung, so sieht man, dass die mittleren Jahrgänge in der Breite zum Alter hin wandern und immer weniger junge Menschen nachwachsen.

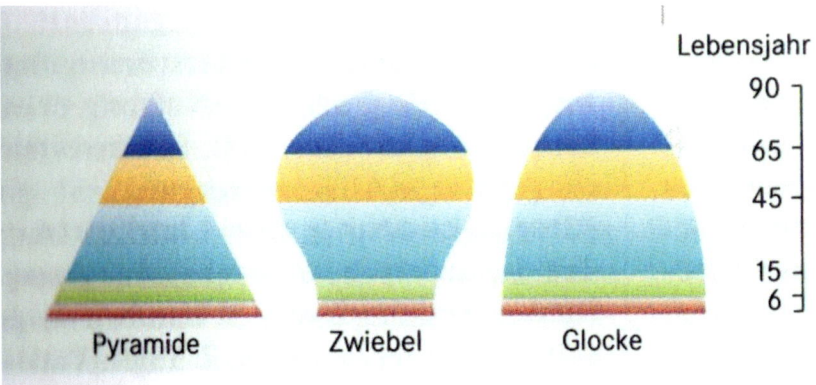

Bei gleichmäßig wachsender Bevölkerung ergibt sich eine Pyramide, wie beispielsweise in Afrika, während bei abnehmendem Bevölkerungswachstum eine Glocke entsteht, wie etwa in Asien. Bei einer schrumpfenden Bevölkerung und steigender Lebenserwartung ergibt sich die Zwiebelform, wie in Europa.[111] Bei dieser Darstellung darf man sich die weibliche Bevölkerung auf der linken Seite, die männliche Bevölkerung auf der rechten Seite der jeweiligen Form vorstellen. Hier können Statistiker der Versicherungen auch darstellen, wie viele Männer bei Kriegen ums Leben kamen. Dann wird zu diesen Zeiten die rechte Seite der Form eingedellt.

---
111 DIE ZEIT: Das Lexikon in 20 Bänden, Band 01, S. 207f, mit Abbildung

Zur Bevölkerungsexplosion während der industriellen Revolution hat ganz offensichtlich die medizinische Entwicklung beigetragen, nicht nur durch immer weitere medizinische Erfolge, sondern auch durch die Aufklärung der Bevölkerung zu immer besserer Hygiene. Jedes Appartement hat heute mindestens ein WC in der Wohnung, nicht mehr ein Plumpsklo auf dem Hof oder im Treppenhaus. Die Wasserpumpen stehen nicht mehr im Ort, sondern jede Wohnung hat heute fließendes kaltes und warmes Wasser. Man verwendet heute keinen Puder oder Deodorant, wie die Adligen im Mittelalter, um den Körpergeruch zu vertreiben, sondern Wasser und Seife. Man duscht und badet, besucht die Badeanstalt so oft man mag. In Krankenhäusern und Altersheimen werden die Hände mit speziellen Mitteln desinfiziert, so dass Krankenhauskeime sich gar nicht erst verbreiten können. Dies gilt vor allem für die reichen Industriestaaten, zunehmend auch für die Schwellenländer, wobei man bei den Slums am Rand mancher Millionenstädte und auf dem Land in unterentwickelten Ländern gehörige Abstriche machen muss.

6. Der wachsende Ressourcenverbrauch

Die industrielle Revolution brachte es mit sich, dass zunehmend Erze benötigt wurden und Kohle für die Eisenverhüttung. Für den Eisenbahnbau wurden Unmengen von Stahl benötigt und für die Befeuerung der Dampfloks und der Dampfschiffe Unmengen von Kohle.

Nachdem Carl Benz im Jahr 1885 das Auto erfunden hatte und die Produktion des Autos industriell durchgeführt wurde, brauchte man mehr Benzin, als in einer Apotheke zu finden war. Es ist keine Anekdote am Rande der Geschichte, dass die Frau von Carl Benz, Berta Benz, sich einmal den Prototyp des Autos unter den Nagel riss und mit ihren zwei Söhnen von Mannheim nach Pforzheim zu ihrer Mutter fuhr. Dabei ging ihr unterwegs, in Wiesloch bei Heidelberg, das Benzin aus. Glücklicherweise war sie auf der Hauptstraße von Wiesloch in der Nähe der Stadtapotheke gelandet und kaufte dort Reinigungsbenzin, mit dem sie weiterfahren konnte. So gilt heute diese Stadtapotheke von Wiesloch als erste Tankstelle der Welt.

In der Folge gab es immer mehr Autos, die Benzin brauchten. Es musste also in industriellem Maßstab Erdöl gefördert werden, aus dem Benzin raffiniert werden konnte. Nun war der Benzinmotor auf der Welt und konnte auch für weitere Zwecke verwendet werden. So konnten die Brüder Wright als erste mit einem Motorflugzeug durch die Lüfte fliegen. Die Flugsteuerung wurde immer weiter verfeinert, so dass 1909 das erste Mal der Ärmelkanal überquert werden konnte. Während der Weltkriege wurden Flugzeuge industriell hergestellt und immer weiter entwickelt, und so war es ein Vorteil, dass bereits ausreichend Flugbenzin verfügbar war.

Nun begann die Erfolgsgeschichte des Erdöls. Dieser Rohstoff konnte nicht nur Motoren antreiben, sondern auch Wärme in den Häusern erzeugen, wo bisher Holz oder Kohle verfeuert worden war. Außerdem konnte man damit elektrischen Strom erzeugen und so ganze Städte mit elektrischem Licht beleuchten statt mit Tran-Laternen.

Es bildeten sich große Erdölkonzerne, die überall auf der Welt Erdölvorkommen erschlossen. Der Iran wollte in den 1950-er Jahren das Erdöl selbst verkaufen, musste aber gegenüber den USA klein beigeben. In der Folge bildete sich 1960 die OPEC (Organization of Petroleum Exporting Countries). „Die Ölländer benutzten dieses neue Instrument ihrer Organisation zunächst zur Durchsetzung stabiler Einkünfte gegen die Ölkonzerne."[112]

Später kamen regelmäßige Preissteigerungen hinzu. Außerdem wurden in Kriegszeiten mit Israel Ölboykotte gegen den Westen verhängt. In diesen Zeiten sprangen Venezuela und der Iran als Ausgleich ein. In der Folge entstand die Internationale Energie-Agentur (IEA), eine Unterorganisation der OECD (Organization for Economic Co-operation and Development).[113]

In den folgenden Jahrzehnten wurden immer wieder Prognosen aufgestellt, wie lange die Ölvorkommen noch reichen. Mal waren

---
112 Olzog, Kurt: Energiewende im Klimawandel. S. 8f
113 Ebenda, S. 10f

es dreißig Jahre, später wieder 50 Jahre. Für Venezuela, das momentan durch Misswirtschaft am Staatsbankrott entlang schlittert, sind Erdölreserven auf weit über 100 Jahre geschätzt worden, auf den höchsten Wert weltweit.[114]

Doch was sollen wir mit dem vielen Erdöl anfangen angesichts des Klimawandels? Bedingt durch dessen Verbrauch stieg die CO_2-Konzentration in der Atmosphäre vom Jahr 1700 bis 2017 von 275 ppm (parts per million) auf mehr als 400 ppm (siehe folgende Graphik).[115]

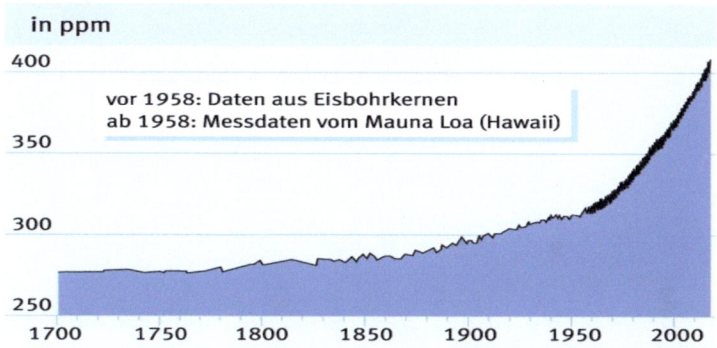

Quelle: Scripps Institution of Oceanography 2017

Die Zunahme des Treibhausgases CO_2 führte zu einer Steigerung der globalen Durchschnittstemperatur um 0,8 °C gegenüber den 30 Jahren von 1961 bis 1990. Gegenüber dem vorindustriellen Mittelwert stieg die globale Durchschnittstemperatur sogar um 1,1 °C an. Das erscheint uns wenig, führte aber inzwischen dazu, dass Gletscher in den Alpen, den Anden und den Rocky Moun-

---

114 Ebenda, S. 26. Siehe auch: Der neue Fischer Weltalmanach 2016, S. 661f
115 Ebenda, S. 120. Graphik entnommen aus: Der neue Fischer Weltalmanach 2018, S. 694

tains sowie im Himalaya und auf Grönland allmählich und zunehmend schneller abschmelzen, so dass der Meeresspiegel steigt. Hinzu kommt eine stärkere sommerliche Eisschmelze am Nordpol und eine dünner werdende Eisschicht am Südpol, wodurch der Süßwassereintrag in die Ozeane zunimmt. Das folgende Schaubild zeigt die Entwicklung des Klimas anhand der globalen Durchschnittstemperatur.[116]

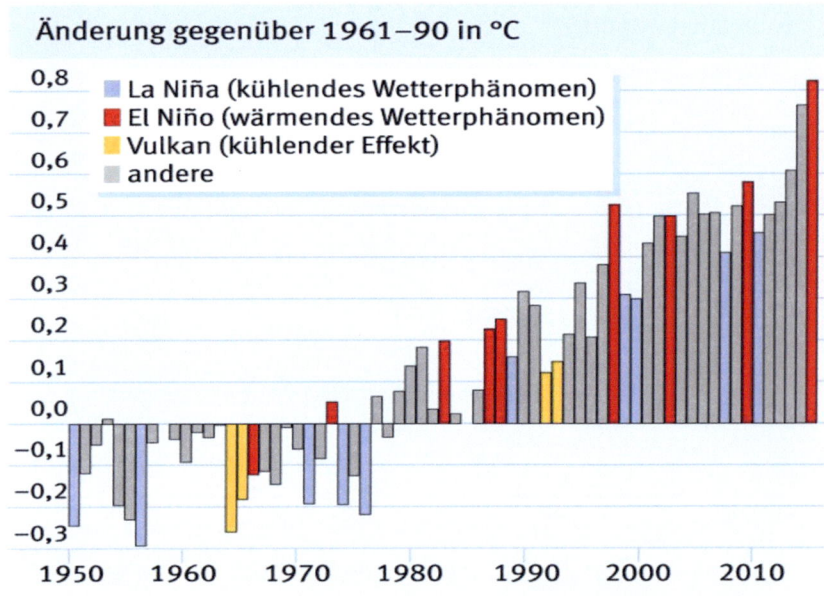

Unübersehbar wachsen global die Wüsten, und neben längeren Trockenphasen gibt es häufiger Starkregen, dessen Wassermassen vom trockenen Erdreich nicht schnell genug aufgenommen werden können, so dass es vielerorts zu Überschwemmungen

---

116 Ebenda, S. 112f. Graphik entnommen aus: Der neue Fischer Weltalmanach 2018, S. 693

kommt. Die Motivation von uns Menschen sollte nun sein, die Erde in einem für uns erträglichen Maße zu erhalten, so dass uns weiterhin ein möglichst katastrophensicheres Weiterleben bevorsteht. Ein Nicht-reagieren in dieser Situation dürfte sehr teuer werden, während die weitere Einführung erneuerbarer Energieträger und der Stopp der Kohleverstromung einen vergleichsweise sehr billigen Strukturwandel erfordert. Überschüssiger Strom lässt sich in Form von Wasserstoff speichern, der wiederum als Treibstoff für Brennstoffzellenfahrzeuge genutzt werden kann.[117]

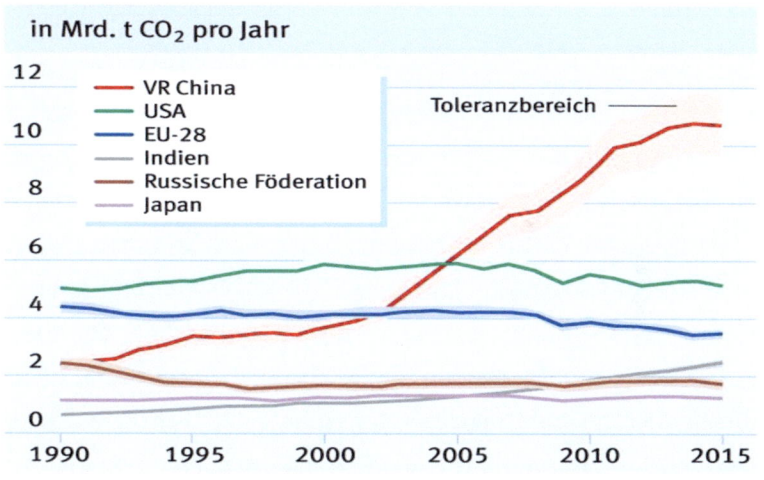

Quelle: Emissions Database for Global Atmospheric Research 2017

„Die obige Grafik zeigt, dass sowohl China als auch die USA als die beiden größten Umweltsünder eine Kehrtwende eingeleitet haben. Es ist zu hoffen, dass diese Entwicklung sich fortsetzt trotz

---

117 Ebenda, vgl. S.114-119

der irritierenden Töne der derzeitigen US-amerikanischen Administration."[118]

Je mehr sich elektrische Antriebe durchsetzen, desto mehr seltene Erden wird man brauchen. Neben batteriebetriebenen Fahrzeugen werden auch Brennstoffzellenfahrzeuge sie brauchen, denn zur Rückgewinnung von Bremsenergie („Rekuperation") werden weiterhin Batterien benötigt. Momentan werden in Elektrofahrzeugen hauptsächlich Lithiumbatterien eingesetzt. Die weltweiten Vorkommen von Lithium verteilen sich auf die Länder Bolivien, Chile, China, Australien und Argentinien, um nur die wichtigsten zu nennen.[119]

Die Erzeugung regenerativer Energie ist gerade im derzeit bevölkerungsreichsten Land China zuletzt sehr stark gewachsen, die Elektromobilität nimmt dort mit staatlicher Unterstützung stark zu. Inzwischen vermarkten viele europäischen Solarfirmen die preisgünstigen chinesischen Solarzellen und kommen dadurch auf eine akzeptable Marge. Die derzeitige US-Regierung hat mit China einen Handelskonflikt vom Zaun gebrochen, der aber eher der US-Wirtschaft schaden dürfte als der chinesischen. Es läuft momentan unrund in der Weltwirtschaft. Die Europäische Union versucht, zusammen mit Kanada und Japan, einen gewissen Ausgleich zu erreichen. Der Erfolg ist eher gering.

Die Wirtschaft wächst in China nunmehr langsamer als zuvor, aber immer noch viel stärker, als im reichen Europa. Immer mehr Chinesen leisten sich ein Auto, und auf den Straßen von Chinas

---

118 Ebenda, S. 121. Grafik aus: Der neue Fischer Weltalmanach 2018, S. 695
119 https://de.wikipedia.org/wiki/Lithium#Abbau_und_Reserven

Großstädten kommt es regelmäßig zu Staus. Der Smog ist dort so dicht, dass viele Menschen sich nur noch mit Atemmaske aus dem Haus trauen. Diese Entwicklung führte dazu, dass in China die erneuerbaren Energieträger stärker gefördert werden, und dass dort die Elektromobilität stärker zunimmt als in Europa oder in Nordamerika. Dennoch wird in diesem bevölkerungsreichen Land immer noch zu viel Kohle und Erdöl verstromt, und die erneuerbaren Energieträger nehmen nur langsam zu. Indien hatte 2015 einen Verbrauch an fossilen Rohstoffen wie China 1990. Heute hat China den fünffachen Verbrauch, bedingt durch seine rasante industrielle Entwicklung.

7. Zukunftsperspektiven

Inzwischen entwickeln die weltgrößten Autokonzerne im Verein mit großen Softwarefirmen und Universitäten Software zur künstlichen Intelligenz, kurz KI. Vordergründig geht es darum, selbstfahrende intelligente Autos zu bauen in der Erwartung, dass diese weniger bis keine Unfälle produzieren. Nicht nur zu diesem Zweck wird das Mobilfunknetz der 5. Generation (5G) jetzt aufgebaut, das Daten in Echtzeit von einem Fahrzeug zu einem anderen übertragen kann. Dabei hilft das Internet der Dinge, englisch Internet of Things (IoT), über das man auch weitere Maschinen, Regler und Mechanismen ansteuern und einstellen kann, sowohl in Firmen, als auch im privaten Haus („smart home").

Die KI wird allerdings noch für weitere Vorhaben entwickelt. So sollen auf unserem Nachbarplaneten Mars in absehbarer Zeit Roboter zum Einsatz kommen, die selbstständig handeln können und dabei in der Lage sind, eine Risikoabschätzung ihrer Handlung vorzunehmen. Es geht in diesem Zusammenhang darum, dass der Roboter sich vor Verletzungen oder vor dem Ausfall seiner Extremitäten schützt. Fernsteuerung ist über die Distanz Erde-Mars fast nicht möglich und führt oft zum Komplettausfall des gesteuerten Geräts. Eine Beschreibung zu dieser Entwicklung befindet sich in der Wochenzeitung DIE ZEIT Nr. 33 vom 8. August 2019 auf den Seiten 27f. Der Titel dieses Artikels lautet: „Die Angst der Maschine" und stammt von Eva Wolfangel. Der Untertitel lautet: „Forscher versuchen, Robotern Gefühle anzutrainieren, damit sie in schwierigen Situationen bessere Entscheidungen treffen. Denn auch Emotionen haben ihre eigene Logik."[120]

Die Entfernung zum Erdmond lässt eine Fernsteuerung schon eher zu, aber die dauerhaft erdabgewandte Seite des Mondes wäre so nicht erforschbar. Hierfür haben chinesische Wissenschaftler eine andere Lösung gefunden. Sie haben einen Satelliten auf eine Mondumlaufbahn geschickt und anschließend ein Landegerät auf der Rückseite des Mondes sanft landen lassen. Die Kommunikation lief über den Satelliten. Dies wäre ein geeignetes Testszenario für zukünftige Mars-Roboter. Parallel dazu verstärkt sich der Wunsch, eine bemannte Station auf dem Mond zu errichten, um Vorbereitungen für eine Marsmission zu erproben. Eine indische Mondmission hat bereits durch spektrale Untersuchungen mittels Satellit herausgefunden, dass es in Kratern des Südpols auf dem Mond Wassereis gibt. Dorthin gelangt nie ein Sonnenstrahl, so dass Reste von Wasser dort in fester Form erhalten blieben.[121]

Allerdings muss Wasser zur Wiederverwendung aufbereitet werden. Dazu gibt es momentan in der Antarktis einen Versuch mit einem sterilen 20-Fuß-Container, der ein in sich geschlossenes System bildet. Nur die Strom- und Datenversorgung wird von außen zugeführt. Ziel ist es, diesen Container für länger dauernde Weltraummissionen einzusetzen, um unter LED-Licht bestimmte Pflanzen wachsen zu lassen, ohne Erde oder Pestizide. Alle zehn Minuten werden die Wurzeln computergesteuert mit einer Nährstofflösung besprüht. Mit Hilfe solcher Container können

---
[120] Wolfangel, Eva: Die Angst der Maschine. In: DIE ZEIT Nr. 33 vom 8. August 2019, S. 27f
[121] Olzog, Kurt: Der Mond – Rohstoffquelle und Weltraumbasis. Vgl. S. 63-68

Nutzpflanzen im Raumschiff oder auf Mond und Mars Astronauten mit frischer Nahrung versorgen. Sauerstoff wird so generiert und Wasser gewonnen, das Trinkwasserqualität hat.¹²²

---
122 Ebenda, S. 66f
123 Stefan Schmitt: Selfies von der Erde. In: DIEZEIT Nr. 51 vom 6. Dezember 2018, Seite 44, mit Abbildung, Layout: Julia Steinbrecher, Fotos Nasa

Zur unterbrechungsfreien Stromversorgung müsste zunächst auf dem Mond, später auf dem Mars, rund um den jeweiligen Südpol ein Ring von Solarzellenpaneelen errichtet werden, so dass eine Seite immer beleuchtet ist. Die erste Lieferung müsste von der Erde erfolgen, aber im Laufe der Zeit sollten genügend Rohstoffe wie Erze und seltene Erden auf dem Mond gefunden und verhüttet werden. Eine Fabrikation müsste entstehen, betrieben durch Roboter, die weitere Solarzellen herstellte zur Erweiterung und als Ersatz für defekte Module. In der Folge könnten Wohncontainer und Weltraummodule wie die bekannte ISS auch für den Mondorbit direkt auf dem Mond erzeugt werden, erstellt durch Roboter, überwacht durch ein Team von Wissenschaftlern.

05.08.2015
Die Rückseite
Sieht montiert aus, ist aber eine echte Aufnahme. Der Nasa-Satellit DSCOVR fotografiert den Mond, als er vor der Erde vorbeizieht. Dessen erdabgewandte Seite erscheint dabei hell im Sonnenlicht – von wegen »dark side of the moon«!

124

---

124 Ebenda

Für den Bau und die Programmierung der verschiedenen Roboter werden Spezialisten benötigt, die ihrerseits permanent weiter qualifiziert werden müssten. Diese Entwicklung kündigt sich heute schon an und es bilden sich neue Studienfächer heraus. Denn wie schon erwähnt werden auch im erdgebundenen Fahrzeug- und Maschinenbau Roboter eingesetzt und für variable Einsätze programmiert. „Auf diese Weise entsteht Nachfrage nach Robotern und deren Programmierern und Wartungsspezialisten, was einen erheblichen Wirtschaftsaufschwung weltweit zur Folge haben dürfte."[125]

Stehen solche Entwicklungen bevor, ist es unsere vordringliche Aufgabe, die Erde bewohnbar zu erhalten, so dass uns Menschen die Chance zur weiteren Entwicklung erhalten bleibt. Momentan (August 2019) brennen in Sibirien Waldgebiete von der Flächengröße Nordrhein-Westfalens. Zunächst versuchte die russische Verwaltung, das als natürliches Phänomen hinzustellen. Dann aber wurde das Militär zusammen mit dem Katastrophenschutz eingesetzt, um die Waldbrände mittels Löschflugzeugen zu bekämpfen.

Zusätzlich taut der sibirische Permafrostboden immer tiefer auf und setzt das klimaschädliche Methan frei, das den Treibhauseffekt noch verstärkt. Wenn wir dieser Entwicklung nicht Einhalt gebieten, erreichen wir einen positiven Rückkopplungseffekt, der den weltweiten Temperaturanstieg eigenständig antreibt und nicht mehr zu stoppen ist: in Englisch: „Point of no Return".

Dagegen wehren sich seit einiger Zeit Schüler und Studenten mit ihrer Streikaktion „Fridays for Future", die weiter oben schon

---
125 Olzog, Kurt: Der Mond – Rohstoffquelle und Weltraumbasis., S. 72

erwähnt wurde, initiiert von der 16-jährigen schwedischen Schülerin Greta Thunberg. Wir müssen diese Bewegung ernst nehmen und möglichst in Politik umsetzen, um noch einigermaßen glimpflich an einer Klimakatastrophe vorbei zu schrammen. Leider sind viele Politiker zu ängstlich und schauen auf Umfragewerte, anstatt einen Strukturwandel einzuleiten. Es gibt immerhin schon Kommunen, die lokal durch Windräder und Solarplantagen mehr als ausreichend elektrische Energie erzeugen. Der Überschuss kann für die kühlere Jahreszeit gespeichert werden, nicht nur in Akkumulatoren, sondern auch in Wasserstofftanks. Der durch Elektrolyse gewonnene Wasserstoff kann in Zeiten der Flaute in Brennstoffzellen in elektrischen Strom umgewandelt werden, nicht nur in elektrisch angetriebenen Fahrzeugen.[126]

Nun sind die großen Autokonzerne im Verein mit Elektrokonzernen wie Siemens zusammen mit der Politik gefordert, eine Akkulade- und Wasserstoff-Infrastruktur mit Tankstellen rund um den Globus zu installieren. Natürlich müssen die reichen westlichen Staaten damit beginnen und die Schwellen- und Entwicklungsländer im Rahmen der Entwicklungshilfe anschließend ebenfalls ausrüsten. Inzwischen könnten die arabischen Ölförderländer dank der überreichlichen Sonnenbestrahlung dazu übergehen, Wasserstoff zu erzeugen und zu verkaufen, denn ihr Erdöl wird kontinuierlich an Wert verlieren. Allerdings werden die Südeuropäischen Länder so reichlich mit Sonnenschein bedacht, dass sie sich selbst und ganz Europa mit Wasserstoff versorgen können. Für China und Indien gilt das Entsprechende. Daher werden die arabischen Länder nur Erfolg haben, wenn sie sich beizeiten an dieser

---
126 Olzog, Kurt: Energiewende im Klimawandel. Vgl. S. 75ff

Entwicklung beteiligen. Es deutet sich an, dass die Entwicklung zur Vermeidung des CO_2-Ausstoßes sich beschleunigt. Bei den Europawahlen 2019 erzielten die grünen Politiker einen überraschenden Zuwachs an Delegierten. In den USA sind etliche Staaten wie Kalifornien Vorreiter in Sachen Klimaschutz und scheren sich wenig um die Ignoranz im Weißen Haus in Washington. Auch die derzeitige Regierung Brasiliens, die das Abholzen großer Flächen des Regenwaldes forciert und die Beobachtung dieser Entwicklung aus dem Weltraum als „Fake-News" bezeichnet, erhält international kräftigen Gegenwind.

„Es gilt zuvörderst, atomare Auseinandersetzungen zu vermeiden und auf friedlichem Weg den Wirtschaftskonflikt zwischen den USA und China (und dem Rest der Welt) zu überstehen. Neben dem Zeitfaktor ist der Faktor der Stärkung der UNO und der Weiterentwicklung der EU in den Fokus zu nehmen."[127]

Tatsächlich bleibt uns das Prinzip Hoffnung[128], ohne dritten Weltkrieg und ohne längerfristige Handelskriege weltweit handlungsfähig zu bleiben. Der Klimawandel muss gestoppt werden, auch gegen den Widerstand der US-Amerikanischen Administration. Inzwischen darf die Exploration des Mondes weiter gehen, gefolgt vom Aufbau einer mit Robotern automatisierten Industrie auf dem Mond. Auf längere Sicht ist wohl die Errichtung einer Mars-Kolonie ein lohnendes Ziel.

---

127 Olzog, Kurt: Globalisierung der Politik. S. 180
128 Bloch, Ernst: Das Prinzip Hoffnung. Frankfurt am Main, 4.Aufl.1977

Literaturverzeichnis

Bloch, Ernst: Das Prinzip Hoffnung. Frankfurt am Main 1959, 4. Aufl. 1977.

Boldt, Hans: Auf dem Weg zum einigen Europa: Die Europäische Union. In: Zeitverlag Gerd Bucerius GmbH & Co. Kg (Hg.): Welt- und Kulturgeschichte. Hamburg und Mannheim 2006, Band 16.

Czempiel, Ernst-Otto: Im Zeichen der Hoffnung: Der KSZE-Prozess und die Schlussakte von Helsinki. In: Zeitverlag Gerd Bucerius GmbH & Co. Kg (Hg.): Welt- und Kulturgeschichte. Hamburg und Mannheim 2006, Band 15.

Der Fischer Weltalmanach 2010. Verantwortlich: Eva Berié. Frankfurt am Main 2009.

Der neue Fischer Weltalmanach 2012. Verantwortlich: Eva Berié. Frankfurt am Main 2011.

Der neue Fischer Weltalmanach 2016. Verantwortlich: Christin Löchel. Frankfurt am Main 2015.

Der neue Fischer Weltalmanach 2018. Verantwortlich: Christin Löchel. Frankfurt am Main 2017.

Der neue Fischer-Weltalmanach 2019. Verantwortlich: Christin Löchel. Frankfurt am Main 2018.

DIE ZEIT: Das Lexikon in 20 Bänden, Hamburg 2005.

DIE ZEIT: Welt- und Kulturgeschichte. Epochen, Fakten, Hintergründe in 20 Bänden. Zeitverlag Gerd Bucerius GmbH & Co. Kg (Hg.), Hamburg und Mannheim 2006.

Dippel, Horst: Unter dem Banner des Neokonservatismus und des „Kriegs gegen den Terror": Die Präsidentschaft George W. Bushs. In: Zeitverlag Gerd Bucerius GmbH & Co. Kg (Hg.): Welt- und Kulturgeschichte. Hamburg und Mannheim 2006. Band 16.

Diwald, Hellmut: Anspruch auf Mündigkeit. In: Propyläen-Geschichte Europas. Frankfurt/M 1975, Bd. 1, S. 27ff.

Erkens, Franz-Reiner: Bürgerkriege und Konsolidierung: Die Merowinger unter den Nachfolgern Chlodwigs I. In: Zeitverlag Gerd Bucerius GmbH & Co. Kg (Hg.): Welt- und Kulturgeschichte. Hamburg und Mannheim 2006. Band 06 ab S. 357.

Gorbatschow, Michail: Perestroika. Die Zukunft der Sowjetunion. Frankfurt am Main, Wien 1988.

Harari, Yuval Noah: Eine kurze Geschichte der Menschheit. München 2013.

Heideking, Jürgen: Das Streben nach Glück: Die Amerikanische Revolution. In: Zeitverlag Gerd Bucerius GmbH & Co. Kg (Hg.): Welt- und Kulturgeschichte. Hamburg und Mannheim 2006, Band 10.

Holz, Matthias und Schönauer, Mats: 400 Jahre Blutzoll. In: DIE ZEIT Nr. 21 vom 17. Mai 2018, S. 40.

https://de.wikipedia.org/wiki/Adolf_Hitler

https://de.wikipedia.org/wiki/Carl_Benz

https://de.wikipedia.org/wiki/Henry_Ford

https://de.wikipedia.org/wiki/Lithium#Abbau_und_Reserven

Katzer, Nikolaus: Mauer und Stacheldraht verschwinden: Die Auflösung des Ostblocks. In: Zeitverlag Gerd Bucerius GmbH & Co. Kg (Hg.): Welt- und Kulturgeschichte. Hamburg und Mannheim 2006, Band 15.

Konetzke, Richard: Überseeische Entdeckungen und Eroberungen. In: Golo Mann u. a. (Hg.): Propyläen Weltgeschichte in 10 Bänden, Berlin 1991, Band 6.

Loth, Wilfried: Mehr Staaten, mehr Zuständigkeiten: Die Entwicklung der Europäischen Gemeinschaften. In: Zeitverlag Gerd Bucerius GmbH & Co. Kg (Hg.): Welt- und Kulturgeschichte. Hamburg und Mannheim 2006, Band 15.

Loth, Wilfried: Von den Schauprozessen zum „Tauwetter": Die Sowjetunion am Ende der Diktatur Stalins. In: Zeitverlag Gerd Bucerius GmbH & Co. Kg (Hg.): Welt- und Kulturgeschichte. Hamburg und Mannheim 2006, Band 14.

Mann, Golo; Heuß, Alfred (Hg.): Propyläen Weltgeschichte. 10 Bände. Frankfurt am Main und Berlin 1991.

Neuhaus, Helmut: Der dreißigjährige Krieg. In: Zeitverlag Gerd Bucerius GmbH & Co. KG, Hamburg und Mannheim 2006, Welt- und Kulturgeschichte in 20 Bänden, Band 08.

Olzog, Kurt: Der Mond – Rohstoffquelle und Weltraumbasis. Norderstedt 2017.

Olzog, Kurt: Energiewende im Klimawandel. Zweite erweiterte Auflage, Norderstedt 2017.

Olzog, Kurt: Globalisierung der Politik. Geschichte und Zukunftsperspektiven. Norderstedt 2018.

Paschke, Uwe K. (Hg.): Weltgeschichte, Erlangen 1994.

Pelzer, Erich: Vom dritten Stand zur Nation: Die Revolutionen im Sommer 1789. In: Zeitverlag Gerd Bucerius GmbH & Co. Kg (Hg.): Welt- und Kulturgeschichte. Hamburg und Mannheim 2006, Band 10.

Schmitt, Stefan: Selfies von der Erde. In: DIEZEIT Nr. 51 vom 6. Dezember 2018, Seite 44, mit Abbildung, Layout: Julia Steinbrecher, Fotos Nasa

Schuller, Wolfgang: Die Frühzeit Griechenlands. In: Zeitverlag Gerd Bucerius GmbH & Co. Kg (Hg.): Welt- und Kulturgeschichte. Hamburg und Mannheim 2006, Band 04, ab S. 12.

Wendt, Bernd Jürgen: Der Zweite Weltkrieg. In: Zeitverlag Gerd Bucerius GmbH & Co. Kg (Hg.): Welt- und Kulturgeschichte. Hamburg und Mannheim 2006, Band 14.

Wirth, Gerhard: Die Langobarden und Baiern setzen den Schlusspunkt: Das Ende der Völkerwanderung. In: Zeitverlag Gerd Bucerius GmbH & Co. Kg (Hg.): Welt- und Kulturgeschichte. Hamburg und Mannheim 2006, Band 05, ab S. 436.

Wolfangel, Eva: Die Angst der Maschine. In: DIE ZEIT Nr. 33 vom 8. August 2019, S. 27f

Zeitverlag Gerd Bucerius GmbH & Co. Kg (Hg.): Welt- und Kulturgeschichte. Epochen, Fakten, Hintergründe in 20 Bänden, Hamburg und Mannheim 2006.

Zimmer, Dieter E.: Unsere alte Natur. In: DIE ZEIT Nr. 41, Hamburg 1978.